作文审题漫谈

2020年“增华阁”阅读写作大赛优秀作品选评

习斌 姚宇 /编著

江苏大学出版社
JIANGSU UNIVERSITY PRESS
镇 江

图书在版编目（CIP）数据

作文审题漫谈 / 习斌，姚宇编著. — 镇江：江苏大学出版社，2021.11

ISBN 978-7-5684-1693-1

Ⅰ. ①作… Ⅱ. ①习… ②姚… Ⅲ. ①作文课—中小学—教学参考资料 Ⅳ. ①G634.343

中国版本图书馆 CIP 数据核字(2021)第 214904 号

作文审题漫谈

Zuowen Shenti Mantan

编　　著 / 习　斌　姚　宇

责任编辑 / 吴小娟

出版发行 / 江苏大学出版社

地　　址 / 江苏省镇江市梦溪园巷 30 号(邮编:212003)

电　　话 / 0511-84446464(传真)

网　　址 / http://press.ujs.edu.cn

排　　版 / 扬中市人民印刷有限公司

印　　刷 / 扬中市人民印刷有限公司

开　　本 / 890mm×1 240mm　1/32

印　　张 / 5.625

字　　数 / 180 千字

版　　次 / 2021 年 11 月第 1 版

印　　次 / 2021 年 11 月第 1 次印刷

书　　号 / ISBN 978-7-5684-1693-1

定　　价 / 40.00 元

如有印装质量问题请与本社营销部联系(电话:0511-84440882)

疫情之下挺立新高度（代序）

2020年初冬，古城镇江迎来了第33届书香镇江“增华阁”阅读写作大赛。

11月29日、30日两天，4.25万名中小学生在全市116个赛点学校度过了快乐的写作节。

之后的一个月时间里，一线语文教师和报社资深编辑，近百人，汇聚在镇江日报社四楼大会议室，评审本届书香镇江“增华阁”阅读写作大赛参赛作品，确定入围名单；再通过几轮审阅，挑选出一、二、三等奖和优秀奖作品；终审评委讨论入围金奖作品，并最终依年级组，评选出七个金奖作品……

2020年，“增华阁”铸造了历史的辉煌：获评江苏省5个一类公益阅读推广项目；4.25万人参赛，参赛学生人数创历史之最；作为江苏省公益阅读推广典型，镇江市全民阅读活动领导小组办公室等四单位首次联合发文，下发大赛通知……“增华阁”于疫情之下，挺立出新的高度，站在了更高的起点上。

2020年年初，疫情的到来让我们猝不及防。在举国上下的共同努力下，防疫终于取得重大胜利。4月，镇江市中小学生激动地重返校园。而就在此时，从江苏省全民阅读活动领导小组传来一个好消息：第32届“增华阁”阅读写作大赛进入省一类公益阅读推广初评！这是镇江市全民阅读活动领导小组唯一推送的活动，参评省级公益阅读推广活动认证。

全省13座城市共有63个活动参与角逐。4月，第一轮初选，共有

11个项目入围省级一类公益阅读推广项目，其中包括“增华阁”。5月，时值第25个世界读书日，定评结果揭晓：一类阅读推广项目5个，二类12个，三类27个。“增华阁”阅读写作大赛成为5个省级一类公益阅读推广活动之一！

可以毫不夸张地说，今天的“增华阁”，其影响力已走出了镇江。作为公益阅读推广典型项目，已然成为江苏省最优秀的阅读活动之一。

提供一个平台，释放孩子们的想象力，以我手写我心，让孩子们在应试作文之外有更大的空间，快乐阅读和快乐写作，这是“增华阁”大赛一直秉承的理念。

以写促读，以读助写，以期形成积极的良性循环，是大赛努力追求的方向。坚持公正、公平、公开，是大赛一以贯之的要求。而大赛的参赛人数，从来不是组织者的第一追求。

1988年的第一届“增华阁”，参赛学生只有700人。此后，参赛人数历年有所增加，20世纪90年代突破3万人。33年来，历届参赛人数已经超过80万人次。孩子们参与其间，乐在其中，不断感悟与进步，在阅读和写作中收获了快乐。“增华阁”伴随着一代又一代学生共同成长。

2020年年初，面对突如其来的疫情，我们一度不得不做好大赛不能正常举行的预案。最终大赛不仅成功举办，而且达到4.25万名中小学生的参赛规模，成为“增华阁”33年历史上参赛人数最多的一届大赛，委实出乎意料。这充分说明，近年来，“增华阁”品牌持续打造成效显著，镇江市全民阅读氛围越来越浓厚。这不仅是“增华阁”的成就，是镇江报业传媒集团的成就，同时也是“书香镇江”建设的成就。

越来越多的青少年喜欢上了阅读和写作，阅读为他们插上了文学之梦的翅膀，赋予他们写作的勇气，越来越多的青少年成为“增华阁”的好朋友。

2020年11月初，镇江市全民阅读活动领导小组办公室联合镇江市教育局、镇江市文广旅局、镇江报业传媒集团发文《关于举办第33届“增华阁”阅读写作大赛的通知》，主送各市（区）全民阅读办、教育局、文广旅局、镇江新区社会发展局、镇江高新区党群工作部。文件指出，“增华阁”自1988年创办以来，是镇江市坚持时间最长、覆盖面最广的传统阅读项目，是2019年江苏省一类公益阅读推广活动。在进一步深化“书香镇江”建设，浓厚全民阅读氛围的高度上，镇江市全民阅读活动领导小组将“增华阁”阅读写作大赛作为“书香镇江”建设的重要抓手，要求各地、各部门做好组织动员，报名参加大赛，鼓励青少年积极参与建设更高水平小康社会，全面提高青少年阅读写作水平。

文件的出台，在如今严管学校各项赛事的环境下，不仅帮助学校和家长厘清了“增华阁”作为江苏省公益阅读品牌活动与商业化活动的不同，也减轻了大赛组织工作的压力。四单位联合发文，在“增华阁”获评江苏省一类公益阅读推广活动的基础上，进一步筑实了“增华阁”不容置疑的品牌地位，“增华阁”由此进入新的发展阶段。

面对机遇和挑战，作为组织者的我们清楚地知道，只有踏实优异地完成大赛的点滴工作，不断深化改革发展，才能获得更多的肯定和支持。

2020年是令人难忘的一年。这一年的“增华阁”收获满满，感悟多多。如今的“增华阁”正站在新的起点上，满怀青春和激情，拥抱又一个崭新的年份。

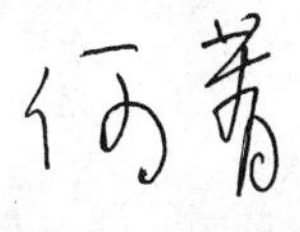

（镇江报业传媒集团小记者活动中心主任）

2021年10月18日

目 录

第一单元　抓准题眼再动笔

第二单元　写作范围要限定

第三单元　语意还需细琢磨

第四单元　寻常之间求精巧

第五单元　巧做半命题作文

第六单元　展开联想和想象

第一单元

抓准题眼再动笔

在写作教学过程中，语文老师经常会和同学们说，写作文，千万不能走题。这说的便是审题的重要性。对考场作文来说，出新求奇固然重要，但审题仍是至为关键的一步，而且是动笔写作前必须完成的第一步。一篇文章写得是好是坏，评判标准有很多，但是否切题，是评判的前提和基础。审题之重要，由此可见一斑。

《兵经·百篇》里说："是以名将必先观敌眼所在。"这说的是在行军打仗过程中，一定要找到敌方排兵布阵的破绽在哪里，就是所谓的"敌眼"。写文章也是同样的道理，在构思文章框架之前，必须紧扣题目的核心语境，即"题眼"。只有这样，才能保证文章做到基本不走题，才有可能成为一篇好作文。

《难忘的一节体育课》，这是2020年"增华阁"阅读写作大赛小学三年级组A卷的一道赛题。这道赛题的题眼在哪里呢？大多数同学都会认为是"体育课"，而且是"一节体育课"。从参赛作文来看，选择这一赛题的同学，大多能够较好地完成文章。有的写踢毽子，有的写跳大绳，有的写跑步，有的写拔河，同学们笔下的体育课，可谓精彩纷呈，趣味盎然。

紧紧扣住"一节体育课"，是否就紧扣住题眼了呢？显然不是。题目中的"难忘"这两个字，是无论如何也不能忽略掉的。你为什么要写这节体育课？这节体育课究竟为什么让你难忘？在字里行间是需要有所体现的。读到一篇参赛作文，内容写的是体育课上踢足球，文字倒也颇有些趣味，可通篇读下来，只写了同学之间的三个回合攻防过程，几乎没有道及自己的感受。文章结尾这样写道："正要开始第四回合，结果打下课铃了，我们唉声叹气地说：'这真是一节难忘的体育课呀！'"姑且不说"唉声叹气"一词用得是否准确，这样的结尾只能读出扫兴的意味。这节体育课是因为扫兴而令人难忘吗？显然这并非小作者想要表达的意思。这篇文章之所以有问题，问题就出在行文时没能紧扣住"难忘"二字来写。其实如果稍作修改，从同学们的协同配合，或是踢球过程中的乐趣等角度出发，就能点明"难忘"的原因了，文章会更加切题，立意也能高出一筹。

从《难忘的一节体育课》这一赛题进一步深入分析，我们可以这样认为，在这个题目里，"体育课"是核心词，而"难忘"是中心词。同学们写作文时，核心词是很容易抓住的，而中心词却常常被忽略。殊不知，相较于核心词，文章的"题眼"，其实正在中心词里。更准确地说，一篇切题的文章，应该是核心词和中心词的"综合体"。也就是说，二者之间的关系是互相依附的，也是缺一不可的。

那么拿到作文题后，如何判断核心词和中心词呢？我们以2020年"增华阁"阅读写作大赛A卷的两道赛题为例。一道是小学高年级组的赛题《美丽的秋叶》，另一道是小学四年级组的赛题《路过一个地摊》。

先来看《美丽的秋叶》。这道赛题依托于一则材料：

古诗中有很多描绘秋叶的诗句："荷尽已无擎雨盖"，那是苏轼笔下的荷叶；"萧萧梧叶送寒声"，那是叶绍翁笔下的梧桐叶；"霜叶红于二月花"，那是杜牧笔下的枫叶。美丽的秋日来临了，相信你也一定很喜欢大自然中那美丽的秋叶。请以《美丽的秋叶》为题写作。

材料引录了三句古人的诗句。诗人笔下的荷叶、梧桐叶、枫叶，在萧索的秋季，的确别具一番韵味。细细体味这三句诗，多少能给同学们写作激发一点灵感。苏轼笔下的荷叶，重在形体。李商隐诗中有句"留得残荷听雨声"，残荷自有其美丽动人之处。叶绍翁笔下的梧桐叶，重在声响。徐再思散曲有句"一声梧叶一声秋"，亦是同样的意境。杜牧笔下的枫叶，重在色彩。谢灵运诗中有句“晓霜枫叶丹”，描绘的也是枫叶红艳的颜色。如果能从形体、声响、色彩等诸多感官出发来描写美丽的秋叶，文章无疑会更加立体和丰满。

回到赛题上来，在“美丽的秋叶”这个短语里，哪个是核心词，哪个是中心词呢？分辨的方法很简单。名词“秋叶”是核心词，而修饰名词的限制词“美丽”则是中心词，即所谓的“题眼”。也就是说，在这篇文章里要写秋叶，但更要突出的是秋叶的美丽。只有抓住“美丽”这一特质，写出来的文章才能切题。

我们不妨来读几篇名家描写秋叶的文章。柯灵有篇《失群的红叶》，由文题即可知，中心词是“失群”。文章起笔，柯灵如此写道：

该有两个多月了，那时霜华初降，梧桐还未落净。一个孩子到我房里来，手里握着一束红叶，临走时送了我两片，还告诉我这是从龙山上五中师范的后园里采来的。

我欣然，把红叶托在手心，细细地鉴赏。这是一种枫类植物，叶子像玲珑的手掌，分成七瓣，纤细的叶茎，匀称的脉络，叶喙有整齐的锯齿，精致得像是最细致的工笔画。颜色似殷似赭，红得惹人怜爱。我把玩许久，珍重地放在书桌上的白瓷小盘中，聊当案头清供。

接下来，作者的笔墨主要集中在红叶褪色、萎谢之后，与自己“朝夕相亲”的作伴经过。文章如此结尾：“如果红叶有知，听到同伴的消息，想到自己的遭遇，它们对我是抱怨，还是感激？它们既从土里来，自应回到土里去，它们偶然地失群，装饰了我这陋室的小窗，该是它们的不幸，至少是委屈。——我终于感到歉然。”可见，由始至终，“失群”是文章的基调。至于失群的红叶和作者的心境有着怎样的共鸣，又是每一名读者需要自己去慢慢体味的了。

谢冰莹《秋天的落叶》突出的则是落叶之美。“许多人说秋天最容易惹起人的烦恼、伤感，所以古今的词人墨客，都是在秋天大发牢骚，摇头摆尾，呜呼噫嘻，舞弄笔墨。我恰恰相反，我觉得秋天是一年中最快乐最美丽的季节。无论站在气候、景象、情感各方面讲都是调和的，完美的。我爱秋，我更爱随风飘舞的秋天的落叶！”文章如此结尾，主旨清晰可明。

在2020年“增华阁”阅读写作大赛赛题中，和《美丽的秋叶》有着相同结构的还有不少，如《我喜爱的一项运动》《我班的“牛人”》《我的双休日》《疫情时在家的日子》等。这里需要特别说说的是《我班的“牛人”》这道题。如果用上面的方法来判断，似乎核心词应该是“牛人”，而中心词是“我班”。其实非也。因为“牛人”是一个偏正结构的词语，“牛”是修饰、限制“人”的，“我班”则是用来限制“牛人”的范围的，文章的核心立意应该是，我班的这位同学究竟“牛”在何处。该题目的结构，和谢冰莹《秋天的落叶》颇为相类。由此可见，审题的方法并非一成不变。题目中的每一个字眼，都需要认真推敲，切勿轻易放过。

下面再来说说赛题《路过一个地摊》。这个赛题是个句子，省略了主语。当然，主语可以是“我”，也可以是“他”。“路过”是谓语，“地摊”是宾语。在句式赛题里，核心词通常是宾语，而中心词则是谓语。以《路过一个地摊》为例来说，核心词是“地摊”，而中心词是“路过”。也就是说，文章构思必须围绕地摊来写，但内容需紧扣“路过”。“路过”的意思是途中经过。途中发生的事情，常常会带有一定的偶然性。只有审清楚了题意，动笔写文章才不会离题。

有一篇参赛作文，小作者写自己一大早起床，发现爸爸、妈妈都不在家，桌上有15元钱，于是便拿起钱，出门去买早餐。接下来，小作者便详细描写了自己在煎饼摊上买煎饼时，老爷爷制作煎饼的详细过程。文章结尾，小作者回到家，发现爸爸、妈妈正在做早饭，自己赶紧过去帮忙。这篇文章切题吗？我想很多同学一眼就能看出来，并不切题。因为“路过”这个中心词，在行文中完全没有体现出来。这篇文章的标题不妨改成《去煎饼摊买早饭》。

《路上遇到的酒鬼》，这是出自南子笔下的一篇经典之作，写的是作者在奎依巴格镇上遇到酒鬼吐依洪·买买提的情形。文章如此收尾：

现在，我的脚步正在路过他，一个苍老的酒鬼。他衣衫褴褛地睡在乡镇供销社的墙角下，睡在自己的梦乡里，没有谁来惊醒他。他是这个小镇中以奇奇怪怪方式生活着的一个。每一天，他是感到快乐呢还是悲伤，我已无从知晓。携带着全部宿命意味的气息，不知什么时候已悄悄潜入了我的身体。

从文章结尾可以知道，作者正是在路上偶遇这名苍老的酒鬼，才由此生发出对于人生的别样感触。题目里的“路上遇到”这四个字，在文章里是很好地体现出来的。

2020 年“增华阁”阅读写作大赛赛题里，《我学会了分享》《家常饭菜滋味浓》《他（她）真勤劳》《那一天真累》等在结构上与《路过一个地摊》有异曲同工之妙。

上面所说的，不过是作文审题的一些入门之道。简而言之，就是拿到作文题，首先要简单分析赛题的语法结构，弄清楚哪个是“中心词”，哪个是“核心词”。还有就是要辨析清楚关键词的语意，不要脱离语意的范围作文。当然，作文审题的方法和技巧还有不少，需要同学们在写作实践中慢慢地探索和积累。

难忘的一节体育课

镇江市桃花坞小学三(2)班　徐彦博　指导教师　倪军香

“加油！加油！”操场上传出一阵阵叫喊声。我们三（2）班的同学们正在玩跳大绳呢！

操场上，老师让我们排成一条直线，由两位高个子同学摇绳。绳子摇起来了，打在地上发出“啪啪”的响声，仿佛是一只凶狠的老虎在吼叫着，像是要向我扑来，听得我提心吊胆，心里高度紧张。

第一位同学上场了。只见他一手在前，一手在后，一条腿向前一步，后面一条腿弯曲着，双眼直盯着高高扬起的跳绳。然后他用箭一般的速度冲了出去，嘴里还喊着：“我一定能跳过去！”他紧接着随身一跳，跳过了绳子。可惜的是，他的脚却被绳子勾住了。他连跳几步，拿下绳子，灰溜溜地跑回了队伍，嘴里还喃喃着：“差一点就完全成功了！唉……”

下面，就是我们班的体育委员出场啦。他并没有急忙冲向跳绳，而是用手在跳绳中间比画着。过了一会儿，他侧对着跳绳，两臂微微弯曲，两腿前后张开，然后闭上眼，听着跳绳刚落地的声音，往上一跳。完美！他跳过了绳子，双脚稳稳地落到地上。瞧他高兴的，两颗大门牙都露了出来。

渐渐地，轮到我前面的一位同学了。只见她一眼睁着，一眼闭着，弓着腰，找准时机，双腿轻轻一弯，两手向上举起，然后一跳。成了！更让大家吃惊的是，她在空中连跳了三个。大家鼓着掌，一起齐声喊：“厉害！真厉害！”她听了，又是跳又是蹦，笑得合不拢嘴，马尾辫高高甩起。

终于，该我大显身手了。我的心“咚咚”蹦个不停。“冷静，冷静，保持冷静！”我深深呼吸了一下，走到跳绳前方，站定，一脚在前，一脚在后，双手叉腰，双眼紧盯着高高甩起、又重重落下的绳子，寻找着机会。最后，我闭眼一跳，啊，头被跳绳打了一下。“失败！”一个声音在心中响起，我不甘心地回到了队伍中。“只要多多努力，下次我一定会成功的！”我暗暗想着，等待着下一轮起跳……

这是我印象最深的一节体育课。我喜欢体育课带给我们的乐趣！

点评

跳大绳，这是很常见的体育活动。在小作者的笔下，跳大绳的过程却紧张、有趣，动感十足，现场感十足。这篇作文的成功之处，一是细致入微的动作描写，手、脚、眼睛的细节，每位出场的同学都有各自不同的表现；二是生动具体的心理描写，有内心独白，有细节描写，那露出的两颗大门牙、高高甩起的马尾辫都给人留下了深刻的印象。

难忘的一节体育课

镇江市桃园小学三(3)班 刘馨月 指导教师 陈萍

好不容易盼到了下午的体育课。做完热身运动，体育老师把我们带到跑道上，笑着说：“今天我们要进行五百米跑，我还会给你们排名次。”

“排名次？”大家听了都说说笑笑，猜想着谁会得第一。只有我一个人愁眉苦脸地站在一旁想：“唉，又要五百米跑了，我真的可以吗？”我心惊胆战地站在队伍里。

“跑！”老师一声令下，大家就像箭一样冲了出去，很快我便落在了后面。还没跑两圈，我的腿就酸了。这时候我的心里就像有两个小人在吵架，一个说：“放弃吧，别跑了！”一个说：“不能不跑，要坚持。”我正准备停下来时，看到了老师的目光，似乎在鼓励我坚持下去。于是，我擦擦汗，咬紧牙关，继续向前。

“还差两百米了，你可以吗？”“没问题，你一定可以。”我默默地对自己说。终于，我就像一只小鸟，展开双翅冲过了终点。

老师说："你真厉害，居然能跑第七名。"第七名？我像开放的花儿，兴奋地欢呼着。

这真是一节难忘的体育课。

点评

跑步，这是体育课上最为常见的锻炼项目。小作者笔下的这节体育课的跑步经过，读来却趣味盎然。特别是几处心理活动描写，拿捏得较为到位。文章道出了一个道理：只要坚持，终会有所收获。

难忘的一节体育课

扬中市崇德小学三(5)班　杨淑雅　指导教师　姚海云

我上过很多节体育课，其中有一节令我至今难忘。

丁零零！那天下午，悦耳的铃声响了起来，终于盼来了大家期待已久的体育课。体育老师笑容满面地走进教室。"今天，我们要和隔壁班举行一次拔河比赛！"老师话音刚落，教室里立刻沸腾起来。

我们排着整齐的队伍来到了操场，隔壁班的同学们早已精神抖擞地等待着我们。只见一条大粗绳压在操场的两条白线上，绳子中间扎着一根红布条儿，四周被同学们围得水泄不通，大家都在议论谁可以获得这次比赛的胜利。

"谁能把绳子当中的红布条儿拉过靠自己一头的白线，谁就赢了！"体育老师大声说道。老师让我们两个班分别站在绳子的两端，突然大喊一声："预备！"两边的同学纷纷抓牢绳子。"嘟——"哨声吹响，一场惊心动魄的比赛开始了。

我们双方互不相让，用了全身的力气向后拉，一张张小脸涨得通红，一双双小脚紧挨在一起，谁都不甘示弱。场外的啦啦队一个劲喊着："加油！加油！"那加油声一浪高过一浪。只见我前边的同学眼珠瞪得圆圆的，紧紧抓住绳子往后拉。我也使出九牛二虎之力，一颗颗豆大的汗珠顺着脸颊不断滚落下来。我顾不上擦汗，心里只是想着：坚持，坚持，再坚持，我们一定会赢的！

那红布条一会儿向我们这边移，一会儿又向对方那边移，忽左忽右，飘忽不定。操场上的呐喊声此起彼伏。渐渐地，绳子向对方那边缓缓移动，任凭我们使出浑身的力气，也没办法拉回来。最后，我们班输了比赛。

隔壁班的同学在操场上欢呼着，我们却像泄了气的皮球。老师在一旁鼓励我们："重在参与，友谊第一。"

虽说那次拔河比赛我们输了，但这样紧张又激烈的比赛，谁会忘记呢？

点评

拔河比赛，这是很多同学童年的记忆。小作者为我们描绘的这次拔河比赛过程，紧张激烈，令人印象深刻。文中对于场内紧张气氛的渲染，以及场外啦啦队热烈气氛的营造，让每一名读者仿佛身临其境。虽然最终输了比赛，但正如文尾所说的，重在参与，友谊第一，这样的比赛谁会忘记呢？开头、结尾都紧扣住了题目里的"难忘"二字，构思精巧，值得称道。

我喜爱的一项运动

丹阳市丹凤实验小学三(1)班　汤钰欢　指导教师　范婷炜

你知道我喜爱的一项运动是什么吗？让我来告诉你吧，那就是——跳绳。

大家应该有同样的感受：当你不会跳时，你眼中的跳绳就是一种武器，不停地抽痛你，让你疼得泪流满面；当你会跳时，你眼中的跳绳就是一只自由自在的鸟儿，仿佛让你坐在它身上轻松坦然地在空中翩翩起舞，这时候，你的心情真是好极了！

现在的我爱上了跳绳，每天起早贪黑地跳。“扑铛……嘿！扑铛……”跳绳时发出的声响，好像一曲欢乐的、沸腾的歌。近处树上的小鸟歌唱着，风吹动高枝上的树叶，似乎是背景音乐，为我的“一曲歌”伴奏。大老远传来的汽笛声，也为我的“一曲歌”增添了节奏……

跳绳，带给了我数不胜数的回忆、期待和快乐。

回忆——有一次我去楼下跳绳，跳着跳着，天黑了，我匆忙回家，结果走错了楼幢。不知道为啥，这件事就像是刻在我的脑袋里一样，怎么也忘不了。

期待——第一次跳绳时，我觉得跳绳就是一条很长很长的泡泡糖，一上去就被咬一下，都快把我门牙给咬掉了。我是多么期待在绳子上跳舞的感觉啊，因为期待，我苦苦练习。

快乐——我可真像一只小蝴蝶，在绳子上穿梭舞蹈，常常一跳就是一百多下。有时会一边跳绳，一边跟妈妈讲讲学校里发生的事：“妈妈，我们今天在校园里……”妈妈说我“跳绳还不忘嘴穷”。哈哈，跳绳又不耽误说话！

现在，你知道我喜爱的一项运动是什么了吧？对，那就是——跳绳！

点评

这是一个活泼可爱的女孩，她真的太爱跳绳了！看完了这篇作文，相信大家都会这么想。因为，文章真真切切地写出了与跳绳有关的感受：不会跳绳时吃尽了苦头，沉醉在跳绳时的美妙音乐声中，因跳绳而走错了回家的路，一边跳绳一边愉快地和妈妈交谈……一切都显得那么生动有趣。小作者的语言也很特别，充满了想象力，清新而奇特。

路过一个地摊

镇江市实验小学四(5)班　魏筱涵　指导教师　蔡妙妙

那个小小的地摊，让我懂得许多，感受很多。

星期天的晚上，天气晴朗，一轮明月挂在天空，我和妈妈外出散步。走着走着，来到了摆地摊的地方。

地摊可真热闹啊！有卖玩具的，有卖小吃的，还有卖糖人的……许多人正围在一个个小摊旁，看着，说着，指点着……

我一眼发现，不远处一个小摊上，一位白发苍苍的老爷爷正在做小花灯呢！那些花灯真好看！有红的，黄的，白的，紫的……五颜六色。花灯上面有许多有趣的图案：双龙戏珠、白兔捣药、娃娃采莲……

我央求妈妈给我买一个。妈妈爽快地答应了。我挑了一个紫色的小花灯，灯罩上有许多精致的花纹，手把上还有一个小开关，按下它，灯就会变成其他颜色。我拿着花灯，左看右看，上看下看，爱不释手。

我问妈妈："这么好看的花灯，究竟是怎么做的呢？"老爷爷这时说话了："小朋友，你也喜欢这花灯？"我点点头。老爷爷接着说："这花灯我做了四十年了，这可是我国的非物质文化遗产呢！"

"啊！"我十分惊讶，不由瞪大了眼睛。

"从我的老爷爷开始，全家人就都开始做花灯了，一代传一代。小时候，我爸爸告诉我：'这可是中国的老手艺，你一定要传承下去啊。'"老爷爷继续说，"虽然现在喜欢和了解花灯的年轻人并不多，但我相信，将来会有越来越多的人了解花灯、爱上花灯。"

提着花灯，走在回家的路上，不禁心潮起伏。花灯是中国人的老手艺，虽然如今喜爱花灯的年轻人并不算太多，但我相信，这门老手艺定会有人去传承的。现在，也有许多外国人越来越喜爱这门手艺，他们也可以成为新一代的传承人。

点评

文章角度比较新颖，立意比较深刻。由花灯地摊，进而写到非物质文化遗产；由老爷爷，进而写到非遗传承，作为一名四年级学生，有这样的眼界和思考，难能可贵。如果能更细致地对花灯进行描摹，让我们更强烈地感受到花灯之美，文章会更具美感。

路过一个地摊

润州区实验小学四(4)班 孙君怡 指导教师 鞠红娟

傍晚，有人已开始饭后散步，各色小摊陆续沿路边摆放开来，等待顾客的光临。而我，则刚刚下课。我拖着疲惫的脚步向家走去。当我漫不经心地经过一个地摊时，一阵烤山芋的香味扑面而来，钻进鼻孔，沁入肺腑，温暖了全身。我回头看去，一位老爷爷站在摊边，慈眉善目地看着我，令我不禁想起往事。

以前，我家住在世纪名门，每天临近傍晚，小区附近也会有好多小摊，空气里氤氲着各种小吃的香味，摊主的叫卖声一片。每当这时，奶奶都会买两个大山芋，一个给我，一个给哥哥，每次吃都会觉得心情愉快。这样久来久去，他，也就是那位老爷爷，认识了我们。我们每次去，老爷爷总是喜笑颜开地迎上来，塞给我和哥哥一人一个大山芋，耳边同时响起他亲切的话语：“你好啊，小朋友!”当时我并不在意，心情不好时还感觉很烦，只顾着吃香糯的山芋。

有一天，我又来到老人的山芋摊前，第一次注意到他的面容。他头发稀稀疏疏的，使得头顶显得光溜溜的；眼睛眯起来，像条柳叶，细细的，弯弯的；眉毛几乎没有了；鼻子很扁，鼻孔很小；嘴唇干巴巴的，脸色黑红。个子不高，短小又粗糙的手指很有劲。他穿着白衬衫，显得皮肤更黑了。

如果我来早了，他会一边说：“你好啊，小朋友，山芋还没熟，请再等一会儿。”一边忙着拿夹子夹住用纸包好的山芋，送进烤炉里的铁架上。不一会儿，香气四溢。老爷爷递给我两个热烘烘的山芋，说：“一个记得给你哥哥！”看得出来，他很喜欢我们兄妹俩。接着，老人开始吆喝起来：“卖山芋了，卖山芋了，两块五一个，四块钱两个，不好吃不要钱！”

如今，我们搬了家，再也吃不到老爷爷的烤山芋了。有时，遇到路边有山芋摊，奶奶虽然也买两个，但是我吃起来，就是觉得没有以前那么好吃了。有时，我也会要妈妈烤几个，虽然味道还算可以，但我总感觉缺少点什么。

眼前虽然不是以前那个老爷爷，也不是我熟悉的那个烤摊，但我还是情不自禁地买了一个烤山芋。咬下一口，含在嘴里，山芋的香味在口中回荡。这时，我仿佛又听到了那句亲切的话语：“你好啊，小朋友……”

点评

这篇文章读来犹如咀嚼乡间原野上的白茅根茎，初尝平淡无味，细嚼始有清香微甘，满口生津。作者所选的题材极其普通：放学回家的途中，经过一个卖烤山芋的地摊，便回忆起原住地附近同样的那“一个地摊”。在我们的日常生活中，像这样平淡无奇的事时时刻刻都在发生，只要多加留意，作文时便能信手拈来。

我班的“牛人”

江苏科技大学附属小学四(2)班 邓增高 指导教师 江华

我们班里有一个 “牛人”，不管什么事情，都做得又快又好。不信？那我就给你一一道来——

数学课上，老师出了一道很难的拓展题。当同学们还在思考时，她早就举起了手，像是茫茫夜空中的一颗明亮的星星。老师如果点了她的名，她总能说出容易理解的解题方法和正确的结果。即使老师已经讲出了解题方法，只要还可能有其他解题方法，她就会立刻说出来，并做出详细的解释，令同学们心服口服。做作业时，她的手像装上了发动机，五分钟内就可以做完课堂作业，三十分钟内就能完成一份数学试卷。当同学们还在奋笔疾书时，她早已把卷子交上去了。

在体育方面，她同样是最棒的。记得有一次，我们班体育考试，其中一个项目是 50 米跑。大家都很担心过不了关，只有她风轻云淡、自信满满的样子。考试时间到了，前面三个人跑完，她迅速摆好起跑姿势。待到老师一声令下，只见她后腿一蹬，前腿一迈，手臂摆动，如离弦的箭一样冲了出去。紧接着，她的步点越来越快，手臂摆动得也越来越快，一下就进入了冲刺状态，没过几秒就抵达了终点。同学们都看得目瞪口呆。

她的美术作品也是顶呱呱的。就拿上个月的美术课来说，老师要我们画一幅海底世界的画。老师讲清要求之后，她立刻拿起铅笔进行构图。只听“唰唰”的声音响起，不一会儿，她已完成了构图。接着涂色，最后勾线，一幅美丽的海底世界便画好了。她的画真可以称得上美妙绝伦，海底生物栩栩如生，色彩鲜艳，搭配得当……同学们都连连夸赞。

不仅以上这些，还有很多方面可以体现她“牛”的特点，比如语文课理解课文非常巧妙，手工课上做的手工非常精致，科学课上能举一反三，英语课上……

她就是我们班的“牛人”——王君怡。

点评

在小作者的笔下，王君怡同学的确是个“牛人”，几乎无所不能，无所不精，出乎其类，拔乎其萃。小作者围绕“不管什么事情，都做得又快又好”来写，运用正面描写和侧面描写，重点写了数学课、体育课、美术课上王君怡同学的表现，突出“快”和“好”，笔墨集中。唠家常式的介绍口吻，读来亲切自然。

我班的“牛人”

镇江市红旗小学四(2)班　陈轩石　指导教师　陈晖

我们班的“牛人”有很多。有会画画的，有会跳舞的，有会唱歌的……其中，最厉害的就要数“篮球狂”——樊祖铭了。

一个金色的午后，阳光暖洋洋地洒在大地上，给人带来光明与温暖。我们的心也如同阳光，异常开心和激动。我们正在进行一场激烈的篮球比赛。

只见樊祖铭像个“电人”一样，球在哪儿，哪儿就有他的身影。在球场上横冲直撞，竟无人可挡。只见猛地一冲，他抢到了球，又向篮框冲去。一个假动作晃过，在篮底下一横身子，又晃过一个人。紧接着，他双脚一跳，手臂一伸，手腕一翻，球如同流星般划破天空，形成一道完美的弧线。只听“刷”的一声，球像装了定位仪一样，四边不靠，正中篮框。在他的带领下，我方势不可挡，比分一会就拉开了。

可正当我方如鱼得水时，对方已经派出了两个像牛一样的对手防守他。他被钳制住了。对方很快就将比分追了上来。离比赛结束只有五分钟时，对方竟将比分追成了平手！我方个个急得像热锅上的蚂蚁，却无计可施。

有那么一会儿，我看见他一动不动地站在那，背心紧紧粘在背上，握着两个汗淋淋的拳头，眼睛盯着那颗飞来飞去的球。突然，他大喊一声，一个虎跳，在半空中接住球，直接把球朝篮框抛去。随着比赛结束的哨声，他的最后一球应声入网。

对我方来说，这真是一个辉煌的时刻！给一群孩子带来了多大的欢乐和喜悦啊！而他，帮助我们赢得了这场比赛。我就这样被他的球技折服了，他不愧是我们班的“牛人”！

点评

一场比赛，酣畅淋漓；一个篮球达人，呼之欲出！在小作者的笔下，樊祖铭同学带球过人、精准投篮、远距离投射，个人技术甚是了得，不愧“牛人”称号。小作者巧妙运用动词、拟声词、比喻句，细节描写生动到位，让人如身临其境，堪称佳作。

我班的“牛人”

镇江实验学校四(5)班　俞霏岑　指导教师　王祝燕

你们绝对不会想到，一个女生，居然会跆拳道！而且是到了红带的那种！

一头及肩的长发，一双炯炯有神的杏眼，弯弯的柳叶眉，个子一米四七，标准体重，白白净净，脖子上戴了一块玉佩。嘿，初次见面时我还以为她只是一个漂亮的小姑娘呢！可是，现在我明白，我大错特错了！

一年级我们表演“五步拳”时，她便脱颖而出，成了一名英姿飒爽的领操员，惊得我下巴都要掉了！随着音乐的响起，她做好了预备动作，“嘿，哈！”她出的每一拳都是那么有力，眼神都是那么坚定，踢腿还能踢到头顶呢！“咻——”一个侧手翻，台下响起如同山崩地裂的掌声，同学们手都拍红了。

她学跆拳道，招来了很多“粉丝”，成堆地跟着她屁股后面跑。她走出来就像个黑帮老大似的，气势这块儿是永远不会输给任何人的！一个女生可以达到这种地步，令我佩服至极。悄悄告诉你，我也是她的

"小迷妹"哦!

她不仅当领操员，跆拳道还上过学校的"春节联欢晚会"。在"春晚"上，她依旧是位领操员。她的跆拳道马上就要考入红黑带了。她对我说，打到黑带，就可以去当老师了。我此生最大的愿望应该就是让她教教我跆拳道吧。

当然，不止跆拳道，体育期末考 50 米跑 9.1 秒，坐位体前屈 18 厘米，一分钟跳绳 146 个，两层的成人攀岩她分分钟就可以攀到最顶层……她似乎胆子特别大，没有什么是她不敢做的。她的家里布满了她的偶像——蜘蛛侠，她一直都想学会蜘蛛侠的本领"飞檐走壁"……

这就是我们班的"牛人"，一个名副其实的"女汉子"!

点评

这是一位跆拳道"牛人"，外表的秀美与体魄之强健完美统一。小作者对"牛人"的赞美、钦佩之情溢于言表。文中有较细致的外貌描写，不是多余之笔，完全是为了凸显形象而设计的。这一点，同学们要多多揣摩。

美丽的秋叶

镇江市实验小学六(3)班　张逸帆　指导教师　孙薇

"荷尽已无擎雨盖""萧萧梧叶送寒声""霜叶红于二月花"……古往今来，多少文人墨客挥毫于这一片片秋叶，给这抹秋景蒙上朦胧诗情，留下很多千古诗篇。品这秋叶，恰似在品一部书，一部永远翻不完的书。

赤红的枫叶，它铺在秋后荒山之上，令略显萧索的秋景焕发盎然生机。那一抹肃杀中的沉黄——梧桐叶，引发了过客的无数感慨，用金黄的色泽给人们以秋的留恋。我爱秋叶，虽它似不及一片稻海中的阵阵金涛，虽它似不及傲然霜雪、花瓣婀娜的朵朵菊花，但它明艳的色彩令我独爱此物。我信步走过用“秋”铺陈的大道，那红黄相融的色调不显突兀，反相得益彰，悲寥的秋思悄然化为乌有。

随手拾起一片红枫，再拾起一片梧桐。那红，那黄，不正是秋天独有的标志吗？春是由百花装饰，五彩斑斓；夏是由烈阳妆点，偶尔闪过一片绿荫，金绿相衔；秋是由那片片秋叶点缀，红黄相融；冬是由白雪陪衬，银装素裹。站立于石阶之上，秋叶轻轻划过我的面颊，如翩翩舞蝶悠然飘落，此刻我的情思与《山行》中的杜牧若有相连。美丽的秋叶，你的色泽带给了我太多的遐想！

曾有人说过：“世界上没有两片相同的叶子！”我认为，有此言者，对生活的观察必定细致入微。我曾漫无目的地在小区闲逛，也曾与家人在景点游历。那秋叶的叶脉常引发我的好奇。春夏的叶片高高悬挂，只能窥以模糊的绿。而秋叶落地后，便于进行细致探究。在秋叶上，我看见了一年四季中的独景——叶脉的排列并非杂乱无章，只是排列的方式有所参差而已。有的规整向前，有的曲折绵延。我曾将那一片片秋叶带回家研究，的确没有看见两片相同的落叶。但在叶脉之间，我却看到了大自然的鬼斧神工，也让我感受到，那细巧的叶脉，原本就是生命的命脉和输养的通道！

秋叶是极其倔强的。随着秋意的袭来，它们可能败落，可能腐朽，却永不屈服。它们在孕育着新的生命。“落红不是无情物，化为春泥更护花”，这句千古绝唱，正是书写了那秋叶的生命之光。

点评

小作者笔下的秋叶是美丽的。如果说秋仅仅美在红、黄这两种颜色上，还显得较为浅表。小作者笔锋一转，通过细致入微的观察，着重描写了秋叶的叶脉，不禁令人眼前一亮。文末，又强调了秋叶的“生命之光”，使文章立意显得更高一层。

美丽的秋叶

镇江市南徐小学六(2)班　陈芯琳　指导教师　张勤

中国古代有许多文人墨客都写过描绘秋叶的诗句，有苏轼笔下的荷叶，有叶绍翁笔下的梧桐叶，还有杜牧笔下的枫叶……

“荷尽已无擎雨盖”，那是苏轼笔下的荷叶。秋姑娘迈着轻快的步伐，悄悄向荷塘走去。荷叶感知到了秋姑娘的到来，伸了伸懒腰，脱下那碧绿的夏装，开始准备睡觉了。温度一天一天地降低，荷叶也在一天一天地变化着。今天还是碧绿的夏装，明天就成了墨绿的夏末装，后天呢，就变成了黄色的秋装。荷叶的擎雨盖已经叶落归根了，只剩下一根独自在风中摇摆的荷叶柄了。连唯一能陪伴它说话的小鸟，也要飞往南方过冬了。但是，它知道，等到来年春天，它就会长出新的芽、新的叶，继续茁壮成长。我望着那光秃秃的荷塘，心里想象着荷叶来年春天更茁壮的样子，觉得那荷叶、那荷塘越看越美丽了，越看越富有生机了。

“萧萧梧叶送寒声”，那是叶绍翁笔下的梧桐叶。秋姑娘又来到了梧桐叶那儿，梧桐叶们一个传一个，整棵树上的梧桐叶都知道了。可是他们觉得还不够，又一个传一个，去告诉别处的梧桐树们。梧桐树们急急忙忙脱下了夏天的盛装，换上了美丽的秋装。梧桐树叶们乘着秋风，轻轻从树上挣脱下来，随着风儿飞向远方，把秋天来了的喜讯告诉万物，让人们知道该脱下短袖换上厚衣服了，让动物们知道要储备粮食准备过冬了，让植物们知道该脱下夏装换上秋装了。当然，最后它们还会回到养育它们的梧桐树那儿，因为它们懂得叶落归根，为来年春天更好地成长做准备。“落红不是无情物，化作春泥更护花”，望着眼前梧桐树叶漫天飞舞的情景，我觉得它们是秋天的使者，也是秋天最美的使者。

“霜叶红于二月花”，那是杜牧笔下的枫叶。秋姑娘来到了她的最后一站——枫树林里。尽管秋姑娘的脚步很轻，但还是瞒不过枫叶们，枫叶们抖了抖身子，准备迎接寒霜的到来。早晨太阳还未出来，寒霜按照秋姑娘的吩咐，洒在万物上。枫叶上落满了白霜，那枫叶在白霜的映衬下显得更美了，红得似火，比那二月的花还要红。我望着那枫叶，觉得那是世间最美的红色。

秋叶是美丽的，那不是一般的美。那不只是外表的美，也是叶落归根之美。

点评

这篇《美丽的秋叶》，构思颇是精巧。小作者以"秋姑娘"作为主线，牵起了苏轼、叶绍翁、杜牧的三句诗，描写了荷叶、梧桐叶、枫叶在秋天独具特色的美丽之处。文尾点出了秋叶之美，不只是外表的美，更是美在叶落归根，进一步升华了主题。

疫情时在家的日子

镇江实验学校六(10)班　黄子涵　指导教师　沈静

或许是巧合，又或是老天的安排，2020年，我的第一个本命年，一场突如其来的新冠疫情打破了难得的和谐气氛。在家的日子里，我真正领悟到了对平凡生活的渴望。

我坐在书桌前，又一次打开平板电脑，进入那个熟悉的学习网站。

"昼出耘田夜绩麻，村庄儿女各当家。"听着视频中的诗句，我的眼前却浮现出一幅画面来：班主任正来回踱步于讲台之上，操纵着投影幕板上的幻灯片，手起笔落，黑板上留下清晰有力的字眼，我们则奋笔疾书，努力汲取着知识。

倏地，眼前一闪，画面消失了，视频里，老师的话语听起来是那么苍白无力，所演示的板书又是多么单调无趣啊。一切都蒙上了一层灰色的阴影。似乎班主任前夕责怪批评我们的语言也是亲切的了，作业本上的一个个红叉也如同有了鲜活的生命。

怀念校园，怀念同学与老师。

我坐在电视前，麻木地调着台，耳边传来母亲的指责："一天到晚，除了学习就是玩，早上睡到日上三竿，夜里是折腾到十一二点，我看，再不返校，你就要逆天了！”

以前的忙忙碌碌、简简单单的生活呢？现在时间变得取之不尽、用之不竭了。没有约束，没有要求，一切如一盘散沙，杂乱得毫无章法。这种生活是混乱的、颓废的、无意义的。怀念平凡，怀念忙碌与充实。

母亲喝罢，父亲登场，婆婆唠叨完，奶奶接上，这已经成了每日的“标配”，没有这些，就觉得少了些什么。

家庭因疫情搞得鸡飞狗跳，原先和和睦睦的气氛难得一见。长辈们不是担心疫情会变得更加严重，就是抱怨工资变少，或是担心我的学习。原本平平常常的生活，似乎离我们渐行渐远。一切都因为一场猝不及防的疫情。

难道，我们这平凡的生活，就如此容易被打破吗？

点评

因疫情在家的日子，每个人都会有不一样的感受。这篇文章的文笔看似闲散，却真实地记述了一名小学高年级学生因为疫情而宅在家里的内心状态。真实，常常是作文的生命线。这篇文章的可贵之处就在于真实自然。所记叙的事情，所描写的心情，就像发生在我们身边。

疫情时在家的日子

镇江市八叉巷小学六(1)班　郭凝萁　指导教师　王长松

寒假尚未结束，新冠疫情如同恶魔一般席卷神州大地，我们不得不宅在家里。

一天，我们全家坐在一起吃晚饭，妈妈的手机突然响了起来，其乐融融的气氛顿时被打破。接完电话，妈妈的眼里多了一丝焦急，戴上口罩，背起包便出了门，我和妹妹怎么喊都无济于事。爸爸的手机响了，是一则信息："医院来通知，让我去发热门诊值班，这两天就不回来了，把两个小的接去爸妈那边住吧。"看完信息，爸爸沉默了良久才开口："妈妈去前线支援了，你们一定要听话，等妈妈回家！"

我迟迟不能接受这个事实。妹妹还小，不知道病毒有多恐怖。我"嗯"了一声，声音有点颤抖，随即跑回房间，摔上房门。我扑在床上，泪花四溅，我能感觉一颗心在疯狂地跳。"什么时候回家啊？你就不能不去吗……"我喃喃着，最后昏昏睡去。

第二天，吃完早饭，我带着妹妹做起了寒假作业。我们两人没什么交流，但妹妹一句"妈妈什么时候回家"，又似一把利刃，刺疼了我。"应该，应该过两天就回来了吧……"我凝望窗外，树木的叶子早已掉光，阳光被树枝切碎，照进屋里，夹杂了几分冬日的寒冷。

这时，爷爷奶奶匆匆赶来。奶奶拍着大腿："看看你妈，现在多危险！硬是往医院跑，不要命喽？"爷爷的脸上爬满皱纹，两条眉毛也拧在了一起："连个电话都不打，我们多担心呐！"爷爷奶奶拉起我和妹妹，把我们带回他们家："你妈如果要回家怎么办？会传染的，等疫情稍微好点再见她，听话啊！"

等到疫情好转，想想都觉得好遥远。日记一页页翻过，日历一张张撕掉，换来的却是每日的新增病例和"我今天加班"的信息。我时常想：如果我和妹妹听话些，妈妈是不是会轻松一点？抱着这样的思想，我每天的功课都不落下，还坚持在家锻炼身体。

渐渐地，新增病例越来越少，妈妈回家休息的次数也多了起来。窗外，树木抽芽了，花苞也饱满起来了，春天来了！

点评

投身防疫一线的医护工作者，可亲而又可敬。小作者的妈妈正是这样一位医护工作者。起初，"我"对妈妈的选择是不理解的，可随着疫情的蔓延，"我"逐渐理解了妈妈，并试图能听话一些，让妈妈更加轻松一点。情绪的转变，层层递进，较为自然。值得一提的是，文中有几处对于环境、景物的描写，很好地烘托了气氛，具有点睛之效。

我的双休日

镇江市香江花城小学五(1)班　朱炎萱　指导教师　余敏

双休日应该是非常愉快的两天，很多人会选择出去游玩。可是这对于我实在是太遥远了。你可能会满脸疑惑地问我：“为什么呀？你也可以这么做的。”你不知道，事实已经对我这个想法说了“NO”！下面请让我给你慢慢诉说我那心中的苦。

妈妈为了让我学习更好，有的补习班我还没同意就二话不说帮我报了名。周六上午，我要去上思维数学，下午要去跳舞。我本不想跳舞，虽然我底子好，有舞蹈天赋，腿又软，是学舞蹈的一块好料子，但我根根本本、完完全全对跳舞没有兴趣呀！妈妈认为舞蹈能让我变得优雅，还说女孩就该有个女孩的样子。可是我还想像爸爸那样成为军人保家卫国呢！我不想做虚假的我，我想做个真实的我！如果不是妈妈的百般劝说，我才不会去上舞蹈课呢！

周日，我要去上新东方的英语课，还要拉二胡。可是，妈妈您知道吗？二胡算得上是全中国、全亚洲、全世界，甚至全宇宙第三难学的乐器。妈妈，您能不能让我稍微轻松一点，学个简单点的乐器，这不行吗？

我相信妈妈您是爱我的。但是事实呢？您有考虑过我的想法吗？要学散打，不行；要学柔道，不行；要学跆拳道，不行；要学击剑，不行；要学踢打，也不行！只要是武术这一类的都不行！您每次都说：女孩要有个女孩的样子，风风火火地学那些武术干什么？跟一个假小子一样！

可是，我就是想做一个假小子！我不近视，耐力好，爆发力也说得过去，至少算得上中上水平，长大后完全可以考取军校，做一个军人，守卫国家。

我就是想野一点，我不想做一个皮肤白、长得好看、琴棋书画样样精通的女孩子。因为这对于我来说实在是太不真实了，不符合我的性格，也不适合我，我想做个真实的我！

妈妈，我能理解您那望女成凤的心情，可是拜托您给我自由，好吗？我也想像别的同学那样，双休日开开心心地出去玩，开开心心地去野餐，请您给我一点空余的时间，让我休息，让我玩一下，让我放松一下，好吗？

我真的很想放松，哪怕是一分钟，请您成全我这个小小的心愿，妈妈，我实在太累了！

点评

父母望子成龙、望女成凤的想法，往往会给孩子套上无形的枷锁。这篇作文就非常真实地反映了孩子的想法。妈妈违背“我”的想法，安排了一系列补习班，结果让“我”疲倦不堪。小作者在文中大声地喊出了内心的想法：我想做个真实的我！读来发人深思。该文紧扣当前社会现实，值得一读。

我的双休日

镇江市中山路小学五(1)班　方予珩　指导教师　丰荣梅

在成长的道路上，看见过许多旖旎的风景。然而那个双休日的事，却让我记忆犹新，让我深知粮食的来之不易。

那是一个秋高气爽的星期六，我来到乡间和太爷爷一起挖山芋。来到山芋地，只见碧绿的茎联结着藤蔓，成片地盖在一垄垄的山芋地上，像一个绿色的大地毯，山芋就藏在这些田垄里。

太爷爷拿起钉耙，轻松地将盖在土地上的绿叶掀至一旁，娴熟地一抡，接着只听“扑”的一声，钉耙深深地扎在了土里。他不费吹灰之力，就将土翻了起来，一个个山芋宝宝像排着队似的，一股脑儿钻了出来，个个都是又大又红。我在一旁看着，拍手叫好，喊道：“让我来，让我来！”

我接过太爷爷手中的钉耙，想象着太爷爷挖山芋时的样子，却不承想，我连钉耙都拿不动，更别说挖了，真是“看人挑担不吃力”啊！太爷爷见我笨拙的样子，笑弯了腰，原来是我抓的位置不对。我调整了一下抓的位置，终于吃力地将钉耙抬了起来。

费了九牛二虎之力，我重重地抡起钉耙，学着太爷爷的样子，将钉耙扎进土里，心想，我只要翻土成功，就可以挖出山芋啦！我将钉耙向后一拉，喊了一声“嘿”，以为已经大功告成，怎知钉耙不仅没能拔出来，自己反倒一个踉跄，差点来了个“狗啃泥”。我仍不灰心，紧握钉耙，两脚一前一后分开，费了吃奶的劲儿，终于有两个大山芋“出土”了！我不禁心花怒放起来。尽管秋风送爽，我却气喘吁吁，汗流浃背，再也干不动了。

我只好站在一旁，继续“观摩”太爷爷如何轻松地挖山芋。太爷爷一边挖一边说道：“你看，太爷爷娴熟的技术是怎么来的？没错，我也是从一次次的劳作中吸取到的经验。太爷爷的这双手，摸过这锄头恐怕有千百回喽！庄稼人靠山吃山，土地可不能空着呀！不管盛夏酷暑，还是寒冬腊月，我们庄稼人都得在田间奔波。”

我点了点头，不禁思绪万千：我挖个山芋就累得够呛，而庄稼人呢？稻子、麦子、高粱都是他们亲手种出来的，他们多辛苦啊……

晚上，桌上多了一盘蒸红薯，香味扑鼻。“一粥一饭，当思来之不易；半丝半缕，恒念物力维艰。”我大口吃着，觉得这是我吃过的最好吃的红薯。

点评

这是一个特别的双休日。小作者在乡间跟着太爷爷学刨山芋，感受到了劳动的艰辛，稼穑的不易。文中关于刨山芋的过程描述得细致入微，若非亲身经历，绝无可能写得这么生动有趣。都说大自然是最好的老师，同学们利用双休日，多到大自然里走一走，肯定会有不一样的收获。

家常饭菜滋味浓

镇江实验学校八(6)班　谢宇辰　指导教师　赵婷

这是一个特殊的春天，疫情的阴霾还未完全消散，但是待在家里的三个多月时间不禁惹动了祖母的乡思，父亲只好驱车带祖母和我来到故乡。

此刻正值春之佳景，零星的平房错落着，放眼望去，大片大片的绿，满眼生机。靠近细看，那绿多半是荠菜，在家前屋后，在春风中展示着它们独特的魅力。阳光毫不吝啬地洒在它们身上，为荠菜镀上了一层金边，荠菜也对阳光报以微笑。此刻，我的眼前呈现出一幅“土融麦根动，荠菜连田肥”的景致。

放下行李，祖母便挎起菜篮，握着小铲，打算“时绕麦田求野荠”了。我当然也是要去的。

每年，我们都会采回很多荠菜，常吃荠菜做成的美味佳肴。祖母会先将采来的荠菜用保鲜膜封好，存入冰箱冷冻，于是一年四季，我们都可以品尝到荠菜的美味。

在我的心目中，荠菜有三种极好吃的做法。排名第三的是凉拌。将荠菜切碎，与香干丁一起，洒上酱料，便是一盆诱人的荠菜拌香干了，荠菜的清香裹挟着香干之浓香，回味无穷！排名第二的是氽汤。在锅中打下一个鸡蛋，再放入荠菜末，经过祖母的精心烹制，一锅鲜美的荠菜汤便出锅了。舀一勺入口，汤的温热与荠菜的清爽一起滑过喉咙，实在令人心动。不过，排名第一的还是要属荠菜饺子。祖母做的饺子皮是透明的，故美其名曰：水晶饺子。饺子小而精致，但中间是胖鼓鼓的，水煮、锅蒸都是至极的美味。荠菜独有的绿色泛在了晶莹的饺皮上，饺肚中间的绿色夹杂着点点鸡蛋的米黄，咬一口饺皮，软而有韧性，皮上带着荠菜的香。正对饺肚中间咬下去，阵阵清香在齿颊间四溢，丝丝野味在舌尖上跳动，绵绵春韵在心底荡漾。吃荠菜的那天，我仿佛也变成了荠菜，在乡野间，面向阳光，散发着光辉。

家常饭菜的滋味浓郁，让人难以忘怀，故陆游有诗云：“日日思归饱蕨薇，春来荠美忽忘归。”郑板桥也赞曰：“三春荠菜饶有味。”

古籍中记载：用荠菜花煮鸡蛋可以预防疾病，祖母是相信的。每年初春也会采来一袋白色小花，用荠菜花给我们煮鸡蛋。不知这鸡蛋是否真的可以预防疾病，但其中饱含了祖母对我们的深厚的爱，浓浓的滋味自是无“菜”能及。

看着眼前绿绿的荠菜，簇簇白色的小花，盈满我肺腑的是祖母所做的各式家常荠菜的滋味，这滋味，是春天的滋味，故园的滋味，亲情的滋味！

点评

看到这篇文章，不由得想起梁实秋先生的《雅舍谈吃》，想起汪曾祺先生的《老味道》，小作者真是写吃的高手，对荠菜所做菜肴的色香味进行了细致描摹，特别是荠菜饺子，从形状、色泽、口感、味觉等方面进行了充分的描写，令人垂涎。荠菜花煮鸡蛋，吃的何止是鸡蛋呢？明明是浓浓的祖母的心意啊！至此，“家常饭菜滋味浓”之浓郁滋味深入人心。文中有关荠菜的诗句引用也展现了小作者良好的文学素养。

第二单元

写作范围要限定

接着上一单元的题目《美丽的秋叶》，我们再来说说2020年“增华阁”阅读写作大赛和秋天相关的另一道赛题，即《校园的秋天》。

这道赛题出现在小学三年级组B卷里。如果稍作分析，便不难发现，赛题的核心词是“秋天”，中心词是“校园”。也就是说，作者笔下的秋天，地点必须限定在“校园”里。这是校园的秋天，而不是公园的秋天、街头的秋天。如何才能写好这道赛题呢？个人认为，在行文时要能显示出校园的特点。校园最鲜明的特点是什么呢？除了别具特色的植物外，还应该有操场、教室，以及教室里琅琅的读书声。例如，同样是写落叶，如果只是一般地写，便不能打上校园的烙印；如果能写操场上的落叶，或是从教室里向外望去的落叶，那便是紧扣住了校园的特点，更加切题。当然，再高明一点，还可以写操场上那一群在落叶间嬉戏的同学——写景的文章里，穿插写人记事，是一种必要的写作方法。

我不禁想起2019年“增华阁”阅读写作大赛的一道赛题——《家乡的秋天》。当时在阅卷过程中，我就提出过，这篇文章的立足点主要在“家乡”上，一定要写出家乡的味道。如果是镇江市区的同学，可以写写焦山的银杏，写写宝塔山公园的桂花，或是北固山的红枫。镇江市区以外的同学，也完全可以在家乡选择不同的“观景点”，像句容市的同学，就可以写写赤山湖的湖景、宝华山的山景。当时有个别阅卷老师对此颇不以为然，认为只要写出秋天的味道就可以了，地点模糊一点无妨。

写秋景的文章，几乎是小学生练笔时的必练之作。在“增华阁”历年作文大赛里，与此相关的主题并不鲜见。除了《美丽的秋叶》《校园的秋天》《家乡的秋天》外，近年出过的赛题还有《多彩的秋天》《想象中的秋天》《记忆中的秋天》等。如果仅仅只是扣住“秋天”二字来写，那么这些文章肯定大同小异，大体雷同。假使不同的赛题，却可以用同一篇文章去套作，这样的赛题出得还有什么意义可言？由此可见，题目里的“中心词”，也就是修饰语，是无论如何也不能丢掉的。

有人或许会说，对小学三年级的同学们来说，这样的要求似乎高了一点。不错，小学三年级正处于写作的起步阶段，可能难以达到如此标准。但如果从初学写作开始，便在审题立意上下功夫，那么作文水平肯定会有一个质的提升。

这些修饰语限定的可能是地点，就像《校园的秋天》《家乡的秋天》。那么在写文章时，必须要将写人记事写景的范围限定在特定的地点内。让我们来读读郁达夫的名篇《故都的秋》。文章如此起笔：

秋天，无论在什么地方的秋天，总是好的；可是啊，北国的秋，却特别地来得清，来得静，来得悲凉。我的不远千里，要从杭州赶上青岛，更要从青岛赶上北平来的理由，也不过想饱尝一尝这“秋”，这故都的秋味。

作者所说的“故都”，指的是北平，也就是今天的北京。在文章里，作者提到了陶然亭的芦花、钓鱼台的柳影、西山的虫唱、玉泉的夜月、潭柘寺的钟声；写到了北国的槐树、秋蝉、秋雨，无一不紧扣“故都”的地域特点来写。是不是将地点限定在故都上，笔墨就不能涉及其他地方了呢？显然并非如此。在文章里，作者多次提到南方的秋天，其用意，在于映衬北国之秋。正像文章结尾写到的：

南国之秋，当然是也有它的特异的地方的，比如廿四桥的明月，钱塘江的秋潮，普陀山的凉雾，荔枝湾的残荷等等，可是色彩不浓，回味不永。比起北国的秋来，正像是黄酒之与白干，稀饭之与馍馍，鲈鱼之与大蟹，黄犬之与骆驼。

秋天，这北国的秋天，若留得住的话，我愿把寿命的三分之二折去，换得一个三分之一的零头。

不管文字如何恣意，如何汪洋，主题必须紧扣“故都”二字，这一点从文章的结尾文字来看，已是确凿无疑。

在 2020 年“增华阁”阅读写作大赛赛题里，以修饰语限定地点的还有《在老家过年》《家乡的味道》《菜场见闻》等。这里有必要稍加分析的是《菜场见闻》这个题目。很显然，“菜场”是地点，这个题目稍微扩充一下，就是“在菜场的所见所闻”。既然是在菜场的所见所闻，那么文章内容是不是可以天马行空，不受限制呢？显然并非如此。并非在菜场所见所闻的所有事、所有人，都可以写进文章里来。既然限定了“菜场”这个特定的地点，那么文中出现的人或事，必须与“菜场”产生特定的交集和关联。如果这个人或是这件事，仅仅是在菜场里发生的，而不能体现“菜场”独特的地点属性，那么这样的文章就是不切题的。换句话说，如果你的文章换了地点，譬如换成《街头见闻》《公园见闻》《超市见闻》，一点问题也没有，这就意味着你的文章偏题了。

如果你对此还不能完全理解，那么我们就再来看看 2019 年“增华阁”阅读写作大赛的一道赛题，即《这个国庆有点特别》。众所周知，“国庆节”是 10 月 1 日。是不是只要 10 月 1 日这天发生的有点特别的事，都可以写呢？肯定不是。题目里的“特别”，必须得和“国庆”发生关联。否则的话，题目不就成了《这件事有点特别》了吗？当时在编选 2019 年“增华阁”阅读写作大赛优秀作品时，并没有收入以《这个国庆有点特别》为题的文章，主要原因就是大多数同学的作文走题了。如果以《这个国庆有点特别》为题，该如何动笔呢？我们试想一下，是不是可以写写国庆阅兵式？是不是可以写写满城飘扬的五星红旗？如果祖辈在国庆这一天，讲讲自己参加革命的老故事，自然是更好的写作题材。总而言之，不管怎么写，必须扣紧“国庆”和“特别”这两组词。

与《菜场见闻》强调的是地点不同，《这个国庆有点特别》限定的是时间。在 2020 年“增华阁”阅读写作大赛赛题里，限定时间的还有

《戴上口罩的那一天》《脱下口罩的那一刻》《得知假期延长之后》《记得春节禁足时》等。这几道题目，都和2020年初突如其来的新冠疫情有关。这场没有硝烟的战争，对人们的生产、生活造成了极大的影响。下面就这几道题目，逐一略加分析。

《戴上口罩的那一天》将时间限定在了“那一天”。受新冠疫情影响，那天“我”戴上了口罩。戴上口罩之后，在那一天发生了哪些事？何所思，何所想？这些都是写作的素材。有些同学的作文，明显没有紧扣“那一天”来写。其中有篇文章，以“N95口罩”的自述构思全文，角度比较奇巧。但在行文中，却从1月27日“我”被装箱援鄂写起，写到1月29日被病人戴了起来，此后每一天一直陪伴在病人身边，直到两个多月后，疫情总算得到缓解，“我”也被摘了下来，扔进了回收箱。这篇文章是否切题？相信同学们都会有自己的判断。

相形之下，《脱下口罩的那一刻》写作难度更大。一天24小时，时间跨度相对较大；而“一刻”的意思是一会儿，时间必须限定在片刻之内，要想写好不容易。崇实女子中学八（2）班牟书瑶同学的同题作文，就较好地抓住了“那一刻”这一特定的时间要素，写得不错。当然，并非你要写的事情、描述的心情，必须都得发生在片刻之内。你可以记述戴上口罩以来发生的事，可以描述一段时间以来的心情，但文章最终的立足点，必须回到脱下口罩的片刻之间。也就是说，你选择的写作素材，必须是为片刻之间的情感而进行的铺垫。丹徒区世业实验学校九（1）班袁梦洽同学的同题作文，便鲜明地体现了这一写作技巧。

除了记叙文，《脱下口罩的那一刻》也可以写成抒情散文。句容市第二中学七（10）班阚欣妍的同题作文，便是一篇不错的抒情散文。相较记叙文，这个题目写成抒情散文可能相对要容易一些，思想深度也会更深一些。可见，面对一道赛题，选定合适的写作体裁，也是审题要素之一。

《得知假期延长之后》，这个题目看似容易，动起笔来却不是那么回事。同学们不妨思考一下，《得知假期延长之后》和《假期延长之后》这两个题目是不是一回事？细细体味，显然并非一回事。《假期延长之后》指的是一段时间，也就是从假期延长开始，在这段时间里发生的事情都可以写。《得知假期延长之后》，“题眼”在“得知”两个字上，时间虽未必局限于片刻，却也绝不可能超出一两天。得知假期延长之后，你可以设想假期的安排，可以写写对假期延长后的憧憬，或是写写当天所做的特定事情——所谓特定的事情，是不能延续成一段时间里的常态的。事实上，有不少同学的参赛作文，“成功”地将《得知假期延长之后》写成了《假期延长之后》。严格地说，这样的文章是不切题的。

《记得春节禁足时》，赛题里“春节”“禁足”这两个特定的元素在行文时是需要格外留意的。之所以“禁足”，自然和新冠疫情有关。如果文章的内容和春节、新冠疫情都能有一定的关联性，便是切题之作。

在这里，推荐同学们读一读冰心的文章《一日的春光》。这篇文章是从去年冬末一位远方朋友的来信写起的。开头的笔墨，着重描写“去年冬天是特别地冷，也显得特别地长”。这是否不切题呢？非也。接下来作者笔锋一转，写道：“四月三十日的下午，有位朋友约我到挂甲屯吴家花园去看海棠，‘且喜天气晴明’——现在回想起来，那天是九十春光中唯一的春天——海棠花又是我所深爱的，就欣然地答应了。”以下的文字，就集中在了赏海棠上面。结尾处，作者这样写道：

看得恰到好处，便辞谢了主人回来。这春天吞咽得口有余香！过了三四天，又有友人来约同去，我却回绝了，今年到处寻春，总是太晚，我知道那时若去，已是“落红万点愁如海”，春来萧索如斯，大不必去惹那如海的愁绪。

虽然九十天中，只有一日的春光，而对于春天，似乎已得了报复，不再怨恨憎嫌了。只是满意之余，还觉得有些遗憾，如同小孩子打架后相寻，大家忍不住回嗔作喜，却又不肯即时言归于好，只背着脸，低着头，噘着嘴说：“早知道你又来哄我找我，当初又何必把我冰在那里呢？”

可见，题目虽是《一日的春光》，却也未必尽写那一日春光之事。写写去年冬天，写写三四天之后的事，都是无妨。但写来写去，主题总是要为那“一日的春光”所服务的。所谓“文似看山不喜平”。这些千回百转的文字，便能显出更加活泼有趣来了。

校园的秋天

镇江市丹徒区炎黄外国语学校三(2)班　王乐桐　指导教师　马君

我喜欢校园的春天，我喜欢校园的夏天，我喜欢校园的冬天，但是我更喜欢校园的秋天。夏姑娘不知不觉地离开了我们，秋姐姐悄悄地来了。

秋天的校园，美在落叶。校园里随处可见金黄的落叶，仿佛是一条条小船在半空中行驶，又犹如一只只金色的蝴蝶，在半空翩翩起舞，美丽极了！晚上，在回宿舍的路上，看着路灯下的落叶，会产生一种奇妙的幻想。这些落叶就像一块块沉沉的金子，让人忍不住拣起一片，放在手中仔细观察，并且把它永远收藏。

秋天的校园，美在桂花。早晨，一进校门，一股沁人心脾的香味儿扑面而来。去食堂的道路两边，种满了桂花树。远看，一棵棵桂花树连在一起，好像一片金色的海洋；近看，密密挨在一起的桂花树，好像一把巨大的伞，可以遮太阳，挡风雪。每一片桂花的花瓣儿，都像一个顽皮的小娃娃，它们有时跳到你的头发里，有时跳到你的衣服里，有时对你哈哈大笑……

秋天的校园，美在柿子树。又高又大的柿子树上，结满了又大又圆的柿子。柿子散发出的香味儿引来了可爱的小鸟。小鸟们津津有味地吃着美味的柿子。树下的小朋友看见了，都不说话了，他们安静地看着小鸟们吃柿子，不发出一点儿声音。因为他们知道，发出声音会把可爱的小鸟吓跑。

我爱秋天的校园！

点评

此篇作文充满了童心童趣，特别是那树下安静地不发出一点儿声音看着小鸟吃柿子的小朋友们，多么和谐，多么友爱，多么纯净而有趣的心灵啊！还有，那飘飞的梧桐落叶，那顽皮的桂花花瓣儿，我们感受到的是小作者轻盈和愉悦的内心。这样的爱，是真实的，是能打动人心的。小作者驾驭语言的能力也是值得充分肯定的，排比、比喻、成语的运用恰当纯熟。多角度、多感官的描写为我们展现了校园的美丽秋天。

校园的秋天

扬中市实验小学三(8)班　杨雨泽　指导教师　严海

校园的秋天是五彩缤纷的，是香味扑鼻的，是充满活力的……

秋姑娘一来，先给学校带来了滋润的雨水。它让小草喝足了水，让教学楼、操场洗了一次澡，洗完后显得洁净如新，空气也清新了许多。校园里那棵高大的柚子树享受着秋雨的爱抚，那淡黄的小叶子被雨水刷得干干净净，就像变绿了似的。一个个小柚子，好像一群胖娃娃，你挤我碰，争着长成大柚子呢！

又过了一段时间，叶子们便全黄了。柚子树也是。但是那些小柚子却长大了，校园里到处洋溢着丰收的喜悦和柚子成熟后的淡香。校长把大柚子摘下来，分给每个班吃。柚子的果肉一咬，一股清香，一下子充满整个嘴巴。柚子果然没有辜负柚子树和小朋友的期望呀！

这时，那些黄叶都落了。秋风叔叔抓着我们看不见的隐形扫把清扫着满地的落叶。落叶被扫走了，有的飞向远方，开始旅行；有的飞到操场上，被调皮的小朋友捡走；还有的飞到树妈妈脚边，化成肥料，被树妈妈吸收，为来年树妈妈长出新叶，贡献自己的一分力量。

我爱你，校园的秋天！

点评

文章以时间为序，写出了秋意渐浓的变化过程；以柚子树为主体，写出了秋天的丰收带来的活力和快乐；以人物活动为重点，写出了秋天校园的独特滋味。秋姑娘、秋风叔叔的想象熟悉却又不落俗套，视觉、嗅觉、味觉的充分调动，让校园的秋天具体可感。

校园的秋天

扬中市外国语小学三(8)班 王子源 指导教师 瞿敏

秋姑娘悄悄地来了，用她那神奇的笔，使我们的校园更加美丽。

校园里种着一棵高大挺拔的梧桐树。秋天到了，梧桐树的叶子黄了，纷纷从树上飘落下来，一阵风吹过，黄黄的叶子在空中打着圈，像一只只美丽的黄蝴蝶，在碧蓝的天空中飞啊飞啊，带来了美丽的秋天。花园里的花全枯了，只有那漂亮的菊花还在傲霜斗寒，在冷风中开得那么迷人。颜色也不计其数，紫红的、淡黄的、雪白的……美丽的菊花在秋风里频频点头。

校园里满目是一片枫树。火红火红的枫叶仿佛一团团燃烧的火焰，烧红了天边的晚霞。秋姑娘又用她那支神笔画了一片枯黄的草地，等到明年春天，小草就会重新破土而出，长出嫩绿的新芽。看到这个情景，不禁让我们联想到了“野火烧不尽，春风吹又生”这句诗。

秋姑娘还用神笔在果树上画了一个个苹果。那又大又红的苹果，像娃娃笑嘻嘻的脸蛋儿，压弯了树伯伯的腰，树伯伯却很开心。一阵风吹过，苹果们又用手臂朝我打招呼：“你好呀！很高兴认识你！”

秋姑娘累了，舒服地躺在草地上，一不小心碰到了神笔。哎呀！银杏树本来还是青绿的，转眼间就变成金黄色了！你瞧，那黄黄的叶子像是给银杏树伯伯铺上了一层金子。走近一看，才发现那黄叶子又像一把把撑开的小扇子。一阵秋风吹过，小扇子便开始不停地扇动着，扇走了夏天的炎热。

秋姑娘神笔一挥，“哗哗”开始下雨了。菊花一下子就神气起来，跟着小雨点跳起了优美的舞步，小草们也仰头喝着清凉的雨水。雨越下越大，地上打出一个又一个水花，就连平时不爱动的树伯伯，也随着雨点扭动着身子。下雨了，整个校园生机勃勃。

啊！秋姑娘，你用神笔把我们的校园打扮得格外美丽、迷人，是你建造了一个美丽的校园！

点评

徜徉字里行间，你会发现小作者的观察颇是细致。校园中的花花草草那么多，他却只挑了几种最易染上秋色的花草树木。于是，梧桐银杏的黄、枫树的红、菊花的彩落入眼中，流淌笔尖，秋色满目，绚烂如画。但小作者没有止笔于眼中景，而是选择再向前走一步——让想象飞。借助自己独特的感受，于大众化中透出几分烙上个人印象的新鲜和别致，有效规避了落入套话的风险。

家乡的味道

句容市崇明小学文昌校区四(3)班 廖宸灏 指导教师 汪竹芳

我的家乡在农村，它就像一盘“多味”菜，让我的世界更加五彩缤纷。

我的家乡充满甜蜜的味道。夏天，远远地从葡萄园里飘来葡萄的甜香，金手指、阳光玫瑰、巨峰……一粒粒葡萄挂满枝头，在阳光下闪闪发光，像一颗颗漂亮的宝石。秋天，我坐着外公的三轮车来到苹果树下。当我看见满树的大苹果，总要兴奋地欢呼。外公爬上树，摘下一个最红最大的苹果扔给我。我用手擦一擦，便“啊呜——”一口咬下去。哇，真甜！我闭上眼睛，慢慢享受这令我陶醉的味道。

我的家乡充满香香的味道。每到傍晚，家家户户屋上升起一道道炊烟，满村都是饭菜的香味。外婆厨艺高超，菜品多式多样，昨天喝冬瓜木耳汤，今天烧瓦香鸡，明天吃红烧狮子头……不管是谁，见了都要垂涎三尺。秋天，大山披上了金黄的外衣，桂花浓香扑鼻，秋风吹来，花飞如雪，正所谓“一年一度秋风劲，不似春光，胜似春光”。

在家乡，还能感受辣辣的味道。外婆门前总是挂着一串红辣椒，吃一个，能把你辣得满头大汗，脸色通红，一口气喝完几杯凉水才能慢慢缓一下。出去玩时，和小伙伴们比赛爬树，捉迷藏，身上总少不了那火辣辣的疼痛，不是青一块就是紫一块，可我依然玩得很欢，一点儿也不顾身上的“辣”。

在家乡，我也能体会到“苦”的味道。一大早，我和外公来到田地。我坐在田埂上，看外公干活。不知不觉，太阳过了头顶。看着外公挥汗如雨的样子，我不禁想：外公真辛苦啊！

家乡的味道，就是如此特别！

点评

抓住典型、有代表性的事物来写出家乡的味道，是这篇文章的出彩之处。不仅写物，更写人的活动，如吃苹果、玩耍的我，做饭的外婆，摘苹果、干活的外公，真实而又多方面地写出了乡村生活的味道，令人向往。

家乡的味道

句容市河滨路小学四(4)班　张凌菲　指导教师　侯茂兵

家乡的味道是什么？

有人说，家乡的味道是香的，令人心旷神怡；有人说，家乡的味道是苦的，让人充满辛酸……

我认为，我的家乡的味道是多样的。

春天，家乡散发着清香。原来，是春雨姐姐洒下甘甜的雨水，催促着杏花、桃花、樱花尽情绽放；原来，是草儿探出了脑袋，换上了碧绿的新衣；原来，是农民伯伯在田地里又种下了新的蔬果。花朵、绿草、蔬果，都散发着自己独特的香味，引来蜜蜂嗡嗡，唤来蝴蝶戏耍。这些香味交织在一起，像母亲的味道，淡淡的，却令人久久不能忘却。

夏天，家乡的味道是清凉而甜蜜的。冷饮店里卖的冰淇淋，凉冰冰，甜丝丝；树荫下与小伙伴玩耍，一阵风吹来，吹干了衣衫，激荡起快乐的笑声；开着空调吃西瓜，甜滋滋的西瓜汁从嘴里一直流淌到心间，令人惬意极了。

秋天，家乡是香甜的。因为，果园里，柿树上挂满了红彤彤的“灯笼”，苹果树上硕果累累，压弯了枝头，让人垂涎欲滴。因为，高粱已经换上了红大衣，散发出浓浓的米香。因为，辛勤劳作了一年的农民伯伯看着已成熟的庄稼，脸上露出了欣慰的笑容。

家乡的冬天是清新的。因为，小雪花飘落下来，家乡的空气中多了一份清冽和新鲜。现在正值初冬，你嗅到家乡的味道了吗？

点评

这篇文章从春、夏、秋、冬四个季节分别写了家乡的味道，突出了每个季节的味道的独特性，给我们展示了家乡的风土人情，“乡味”十足。写法上有点散文诗的意味，排比的段落结构，每段的排比句式，使语言跳跃而又有诗味。

家乡的味道

扬中市外国语小学四(5)班　李明轩　指导教师　方敏

我的家乡南京，是一个美食之都。

在南京，鸭血粉丝汤是最著名的美食之一。你无论走过哪一条街，总会看到几家鸭血粉丝汤馆。推开门，店主会笑嘻嘻地问：“要碗鸭血粉丝汤吗？”你付完款后，不到五分钟，一碗热气腾腾、香气四溢的鸭血粉丝汤，便会端上桌来。尝一口，味道真是鲜美无比。

一般鸭血粉丝汤馆都会卖烤鸭。如果你让老板娘切上一只或是半只鸭，她会问：“要不要片皮？”片完皮的烤鸭格外酥脆。剩下的鸭块，老板娘会切好，和片皮的用两只打包盒分开装，然后会扯下一只方便袋，连同饼子、大葱、酱，娴熟地装好，递到顾客手中。要知道，烤鸭也是南京特产。

南京还有一种小吃，叫糍粑。糍粑用料很简单，味道却丝毫不逊色。如果再搭配一碗稀粥，一边吃糍粑，一边喝粥，真是一道美味的早餐。外地人吃糍粑，常常嫌硬。本地人则不一样，特别爱吃手工制作的糍粑，弹性大，有嚼劲。咬一口，芝麻味充盈舌尖。

“有了糍粑有了鸭，还请萝卜来讲讲。”这是我们镇上的俗语。每到春节，家家户户设宴请客。除了糍粑糕、烤鸭、鸭血粉丝汤，桌上必须得有三道用萝卜做的主菜，一般是凉拌红萝卜、萝卜肉汤和萝卜炒肉片。有时也会将萝卜炒肉片换成酱油萝卜，但核心仍是“一菜一拌一汤”。为什么要上三道用萝卜做的菜呢？那是因为民谚“冬吃萝卜夏吃姜”的缘故。在镇上，像萝卜丸子、肉塞萝卜这样的菜，在居民的餐桌上时常会见到。

你说我的家乡南京，是不是美食的天堂？

点评

读这篇文章，我们仿佛跟着小作者一起，来到南京，享受一趟美食之旅。文章从南京名小吃鸭血粉丝汤、烤鸭、糍粑写起，写到镇上的民俗，的确写出了家乡的味道，非常切题。文字虽然简洁，却是生动而有趣的。

家乡的味道

扬中市实验小学四(6)班　孙铭路　指导教师　陆金波

我的家乡是扬中，那里的味道是特别的。

扬中是万里长江上的第二大岛，她像一位善良的巨人，守护着每一寸土地和每一位居民。春天，她披上碧绿的礼服，阳光照耀大地，桃花红了，杏花白了，油菜花黄了，草地上一阵阵欢笑声，江边的芦苇沙沙作响，柳树姑娘也梳起了秀丽的头发。夏天，她穿着蓝色的短袖，使得天空成了蔚蓝色。蝉先生爬上树，站在枝头引吭高歌。一阵微风吹来，树叶也在舞蹈。深秋十月，她又身着灿烂的黄色长袖衬衫，到处金碧辉煌。俗话说：“秋风扫落叶。”瞧，地上都是一个个金色的小巴掌，多美呀！

家乡的味道是鲜香美味的。扬中盛产河豚。河豚是“长江三鲜”之一，格外受人喜爱。河豚虽然有毒，但只要烹制得法，丝毫不影响食用。每年都有四面八方的食客来到扬中，体味“拼死吃河豚”的感觉。河豚烧秧草是扬中特有的美食。只要将河豚体内的毒素处理掉，辅以秧草，一道美味便可以上桌了。这道菜只要闻着味道，已是让人垂涎三尺。河豚蘸点汤汁，放进嘴里，入口即化，让食客大饱口福。

外地朋友来到扬中，还不妨去逛逛园博园，与那只“聚光大河豚”拍张照片，留下一段珍贵的回忆。离开时，也可以买点物美价廉的河豚干，没事的时候用来解解馋。

这就是我家乡特别的味道。你们的家乡，是不是也有着不一样的特别的味道呢？

点评

每一个地方的味道往往都是特别的。小作者的家乡是江中小岛扬中，这篇文章起笔便抓住了扬中是座小岛的特点来写。扬中河豚，天下驰名，这是扬中最为特别的味道，也是这篇文章笔墨用得最多的地方。特别是对河豚烧秧草这道美食的描写，的确让人读了垂涎欲滴。

菜场见闻

镇江市丹徒实验学校四(1)班　孙嘉伊　指导教师　韦枫红

在人山人海、车水马龙的菜场里，一阵又一阵的叫卖声不断传出，清脆而洪亮。仔细一看，原来是个推着三轮车正在卖辣椒的年轻人。

这时，一位白净的姑娘走了过来，用甜美的声音轻轻问道：“请问这椒多少钱？辣不辣？”年轻人很热情地问道：“你吃不吃辣？”姑娘摇了摇头。年轻人便说道：“我这椒当然不辣了，这可是新鲜菜椒，吃起来可香了。五元一斤！”“能不能三元一斤？”姑娘在讨价还价。年轻人摇了摇头：“三元不行，最便宜四元。”姑娘有点不高兴，嘟着嘴走开了。

没几分钟，一位胖大妈走了过来，抓起一个辣椒瞧了瞧，问道：“这辣椒咋样？辣不？”年轻人瞅了瞅胖大妈，胸脯拍得震山响：“辣！你看这椒这么红，怎么会不辣呢？吃一口，保证你辣得直流泪！”胖大妈听了很开心，忙问多少钱一斤。

年轻人报出价格，抓起秤杆，正准备交易，没想到那位白净的姑娘凑了过来。“转了一圈，几个摊主都说自己的辣椒很辣，看来只有你这儿有不辣的辣椒卖了。”姑娘嘟嘟囔囔着。

胖大妈正要付钱，一听此言，眼睛瞪了起来，冲着年轻人吼道：“你这人怎么回事？你这辣椒究竟辣不辣？”年轻人呆立在那里，半晌说不出话来，脸上火辣辣的。胖大妈和白净的姑娘眼神对视了一会儿，立刻便明白过来这究竟是怎么回事。两人扭过头，一起离开了辣椒摊。

点评

这是一篇微型小说，写的是菜场辣椒摊上的故事，扣题很准。摊主为了迎合不同顾客的需求，面对“辣椒辣不辣”这个问题，给出了截然不同的答案，涉及的其实是“诚信”话题。文章结尾，摊主的谎言被无情地揭穿，设计得很是巧妙，读来令人回味无穷。

在老家过年

镇江市江滨实验小学六(2)班 李米涵 指导教师 邵洪涛

过年了，人们总是期盼着阖家团圆，其乐融融。在外的游子纷纷回家了。

我也坐上了回老家的汽车。看着窗外路灯下的一串串大灯笼，心里便开始想象着老家的样子。两岁时，我从老家来到城市，老家的模样几乎已经忘得一干二净，只是忘不了孩子们手中的大红灯笼。现在，老家会不会有高楼大厦？生活是不是也像城里人一样呢？

不知不觉中，汽车在马路旁停靠下来，我满怀欣喜地跑下车。妈妈领着我走进一条小道，道路左边都是矮矮的小平房，时不时还会有一条石板小路；道路右边是一片片一望无际的麦田，虽然是冬天，但满眼都是绿油油的，充满生机。

妈妈领着我拐入一条石板小路，两旁是挨挨挤挤的小瓦房，电线杆杂乱地立着，上面密密麻麻停满了麻雀。一惊，它们就扑闪着翅膀飞了出去，恰如一阵黄沙飘洒在空中，令人叹为观止。

一间普通得不能再普通的土房前站着几位老人。妈妈见了，立刻迎上去又拥抱又交谈。我才知，这就是我许久不见的亲人啊！“这是楚楚吧，都长这么高了……”话没说完，一位老爷爷——我的舅公就迎上前，握住了我的手。舅公的手又大又粗糙，我的手被握得生疼。我立刻把手抽了回来，尴尬地笑了笑，问了声好，就赶紧黏住了妈妈。这突如其来的热情和陌生，令我措手不及。

来到房子前，一股家禽的腥臭味儿扑鼻而来，我赶紧掩住口鼻，往客厅里奔去。这里和城市完全不同，客厅里除了两张木长凳之外，还有一尊佛像，两边放满了水果，正前方还烧了三支刺鼻的香。我想到床上休息一会儿，可这儿的床就如石板一样的硬。

几天过去，我对家乡的新鲜感全没了！吃不饱，睡不好，也和家人们不熟。眼看就是除夕夜了，我却开始思念远方的城市。

除夕夜，模糊的小电视播放起了春晚。我站在外面，看着那无边风景。忽然天空中绽放出一抹绚烂，我睁大眼睛，这不是我已多年未见的烟花吗？几个孩子提着火红的纸灯笼从我眼前经过，这一幕我曾在哪里见过，是哪儿呢？

“楚楚，快来吃饭！”我跑过去，那几张大红色的、摆满丰盛菜肴的大圆桌，在哪儿见过，是在哪儿呢？

“姐姐，这是你以前留在这里的灯笼，是我妈妈给你的。”一个小妹妹往我怀里塞了一个油布灯笼，上面还绣着我的小名……

浪漫的烟花在空中一瞬而逝，烟火里落下的尘埃让我想起了童真的残骸。我想起来了，就如灯笼那样红的火焰，燃烧着我的心。我回到了老家，在老家过年。虽然条件没有城里好，但能寻找到这一短暂的温暖，又有什么是不值得的呢？

外乡的游子啊，你是否想念你的老家？即使它没有大城市那么繁华，但你一定能在那儿找到你丢失的东西吧！

点评

虽然城乡一体化进程不断加快，但毋庸置疑，还有不少农村地区较为落后，人们的生活条件远远比不上城市。小作者的老家就是这样的一个地方。过年回老家，“我”一开始非常不适应，可是除夕之夜，从绚烂的烟花、丰盛的菜肴，以及过往的油布灯笼身上，“我”找到了埋藏在心底的温暖。是老家的味道，触动了“我”心底最柔软的部分。文章前后两部分的情感看似割裂，却通过情绪的转变，浑然一体。

戴上口罩的那一天

镇江实验学校九(13)班 李亭言 指导教师 殷秋菊

记不清所有细节，只记得戴上口罩后轻轻叹了一声：世界变得雾茫茫的了。

不是 PM2.5 的城市雾霾，也不是眼镜上乳白色的水蒸气。明明是喜气洋洋的春节，网络上却布满了大大小小的通告。虚拟的影像中，各行各业的人们披上盔甲，投入一场没有硝烟的战争。耳机里，最爱的歌手也在大声呼吁人们戴上口罩。他说："有了天使的守候，不用再担忧。"

家中多少有些变化。妈妈会在每处角落喷上消毒喷雾。身为白衣天使的她，几层厚厚的口罩上是一双清澈的眼睛。窗外的光不偏不倚地照在她身上，茂密的青丝中多出不少白发，在光下闪耀着。妈妈说："这么好的天，不能出去多待一会儿，真是可惜。快点战胜疫情吧。"

以隔空方式出现的网课，让我一时无法适应。电脑那端的老师戴着口罩上课，镜片上时时爬上薄薄的雾气。他不得不时时摘下眼镜，一边朗声向我们解释题目的含义，一边用衣角在镜片上简单擦拭几下再迅速戴上。老师说："同学们，再坚持一阵子，很快我们就会再见的。大家都要保重身体。"

下课后，我站在窗前向外看。厚厚的云层中有无数光柱倾泻而下，蓝色的背景夹杂在云的间隙中。爸爸的手机里正播放着抗疫医生的采访视频。他们一个个都裹在厚沉的防护服里，似乎连说话都有些费劲。他们说："我们一定会尽最大努力，请相信我们。"

风从纱窗中穿过，拂上我的口罩。特殊的一天即将结束。这是我戴上口罩的第一天。但我坚信，有大家的共同努力，脱下口罩的那一天并不会遥远。

点评

突如其来的新冠疫情，让人们纷纷戴上了口罩。戴上口罩的第一天，身边会发生哪些事？在这篇文章里，小作者抓住了在家里喷洒消毒喷雾的妈妈、上网课的"我"、收看抗疫采访视频的爸爸这三个典型人物，折射出了疫情发生后对人们生活的影响，构思比较精巧。有一点需要提出来的是，居家时人们通常是不戴口罩的，这使得文章在真实性上有所欠缺。

戴上口罩的那一天

镇江实验学校九(5)班　王启航　指导教师　吴梅

前阵子，不知怎的突发奇想，想上网看看英语演讲比赛。几十部演讲视频，数千名参赛选手，让我大呼过瘾。而我的思绪，跟着一场场比赛，飘回到了4年前的那个夏夜。

那一天，爸爸妈妈无疑是兴奋而激动的。想想也是，他们的宝贝女儿——我，参加市区英语竞赛获得了第一名的好成绩，记者要到家里来采访。一大早，妈妈在房间里左挑右选，为我挑选合适的衣服。一向沉稳的爸爸在客厅里和我讨论，记者采访时到底说点什么。

"咚咚咚——"急促的敲门声突然传来。真没想到记者这么快，这才八点多钟呢。爸爸去开门，我跑进房间，迅速换好衣服。这时，不大的客厅已被几台摄像仪器塞得满满的。我站在客厅一角，目光有些呆滞地看着工作人员忙来忙去。场地布置好后，一名工作人员请我坐在沙发上，采访正式开始了。

采访的话题，我早已拿到手，在爸爸的指点下，已是倒背如流。突然，有一名记者追问了一个问题："当上了第一名，你有什么感受？"我有点懵圈，哪里想到要说些场面话，对着镜头，我回答道："我一点都不高兴，早知道第一名要被采访，我就不参加比赛了。本来今天上午还有一节陶笛课呢，都被耽误了……"

我话刚出口，能感觉到客厅里的空气似乎凝固了。工作人员把我拉到一边，从兜里掏出一张小卡片，在上面写了几行字，告诉我一会要按照这上面的读。我吐了吐舌头，只能照做。卡片上的话无非一些表达高兴、谦虚的套话而已。

我们不仅仅在疫情期间才戴上口罩，其实在成长过程中，常常不知何时就戴上了一只无形的口罩。而蒙在口罩下的，可能是一张越来越世故圆滑的嘴。

点评

读完这篇文章，不禁让人拍案叫绝。面对《戴上口罩的那一天》这道赛题，几乎所有的同学想到的都是疫情后戴上口罩，由此一来，笔下的题材千篇一律。这篇文章的小作者却是别具匠心，将"口罩"的外延给拓展了。面对采访，只能说着一些客套而违心的话，这不等于也是戴上一只无形的口罩吗？疫情散去，有形的口罩终会摘掉；可无形的口罩一旦戴上，却可能永远也无法拿走。文章立意，胜人一筹。

脱下口罩的那一刻

镇江崇实女子中学八(2)班　牟书瑶　指导教师　陆婷婷

我很久没有呼吸过"真正"的空气了。

自从疫情开始，每每出门必要戴上口罩。虽然，这对我们自身起到了一定的保护作用，但是我总觉得戴着口罩有些喘不上气。不仅是在呼吸方面，心里也一样。

直到，学校宣布可以摘下口罩了。

班主任说出这个消息时，全班都快沸腾了。此时的每个同学都像被风吹响的树叶，虽然高兴，但是也不敢过于放肆，因为我们看不到老师藏在口罩下的表情，生怕会因为惹怒老师而无法获得真正解放的机会。班主任先摘下了口罩，同学们的手不由自主地摸向口罩。

"摘吧！"老师笑了，同学们也笑了，一个个小脸蛋儿露在了空气中，上扬的嘴角托起了脸上纷飞的红霞。我深深地吸了一口气，一股清新的风贯穿了我的全身。呼气时，我感觉头脑和心中的污垢都被涤荡得一干二净，整个人焕然一新。

班主任打开教室的门，一束光贴着门框照进来。“哗”地一下，四周一下子就亮了。我又感觉自己像一个刚刚降世的婴儿，静静地卧在暖阳的臂弯中，风轻抚我的脸颊，我好奇地打量着这个“新世界”。

同学们互相观察着对方，既像以前从未见过似的，又像是重逢的相别许久的老友。一个同学向我扑来，我没有闪开，抱到一起时，我才说了一句：“还没有说可以近距离接触，这样对自己的健康不负责。”她一下子跳了起来，站到一边去，一边后退一边说：“原来戴口罩时没有发现，你怎么胖成这样了？”我也不急着去追着她打，只是手上握着一支笔，假装要丢向她。她笑着说：“好久没见你生气的样子了，甚是想念啊。”说完便笑了起来，那笑声就像白鹅一样，我也跟着笑了起来，全班同学仿佛都被她感染了，不约而同地笑了起来，姿势千奇百怪。

我们以各种各样的姿势，唱着只有一个字的颂歌，拥抱着清风与阳光，鸟儿在外面给我们伴奏，彩云在给我们伴舞，一起迎接这另一个意义上的“春天”。

老师拍拍手，倚着讲桌说：“行了，行了，笑也笑了，乐也乐了，马上就要上课了，赶快回座位啊。”老师的声音清晰而洪亮，我转头发现老师没有像平时那样戴着小话筒。我们都安静下来。老师可能以为我们没有听见，问了一句：“要不，我以后还是戴着话筒吧，不然，声音太小。”这时，教室的各个角落冒出了同一句话：“不用，很响！”

坐回座位，我默默地想：这样的感觉，真好！

点评

文章扣题很紧，围绕“脱下口罩的那一刻”来写。情绪层次丰富：那一刻的惊喜，那一刻的迟疑，那一刻的轻松，那一刻的新奇，那一刻的陌生与熟悉，那一刻的快乐，等等，展开有序。描写多角度：“我”的顺畅的呼吸、老师清晰而又洪亮的话音、同学们千奇百怪的笑模样，都生动形象地写出了“脱下口罩的那一刻，真好”的感觉。

脱下口罩的那一刻

镇江市丹徒区世业实验学校九(1)班 袁梦洽 指导教师 葛小霞

“呼，呼。”那天的操场，似乎只有沉闷的喘息声。

那是疫情期间的一节体育课。“稍息，立正，起步跑！”一声令下，我们似弓箭离弦，转眼就冲了出去。

“嘿嘿，跑步还不容易吗？”我小声嘀咕。可谁知，刚跑了半圈，心里如阴霾笼罩，鼻腔间有什么东西在挡着我。我下意识地摸了摸，是口罩，我想脱掉口罩，却又怕老师责罚。

呼吸越来越急促，脚步越来越慢，我浑身的力量都被封印在了这口罩之下。没办法，我只能停下来，小心翼翼地将鼻子透了出来。“啊，这新鲜的空气！”外界清爽的空气环绕着我，五月槐花的香味，迫不及待地冲上我的脑门。

下课后，我和同学一路走，一路交谈。“唉，口罩现在就像长在我们脸上似的，闷死了。”她摇摇头，望了望天。因为疫情，我们上课，下课，甚至在回家的路上，都必须“全副武装”。“什么时候才能不戴口罩啊？”见到班主任后，这个问题又一次被问出。他望了望我们，叹了口气：“娃儿们，疫情防控是我们大家的事，等什么时候稳定些了，就不用戴了。”

无聊的时间总是很慢很慢，终于放学了，我坐在电瓶车的后座上。这是傍晚时分，经过一处绿地时，在前面骑着电瓶车的奶奶突然询问：“囡囡，你今天在学校是不是缺氧啊？也难怪，天天不透气。走嘛，我带你去吸点氧。”

奶奶特地带我走了一条偏僻的小径，行人很少，仿佛世外桃源——这里没有疫情带来的压迫感，周围树木成荫，阳光透过林梢洒下来。傍晚，林子中氧气最足，确保四周无人后，我的手搭上了口罩，只那么轻轻一碰，口罩就从我脸上脱落下来。顷刻间，天地间仿佛只有我一个人。鸟儿在我耳边开着演唱会，风儿凝固在林间，树叶在半空中飘飞。

“如果没有疫情，是不是就不用被禁锢了！”我的心绪，剪不断，理还乱。那晚，我躺在床上辗转难眠，第二天一早上学时，脸上依旧蒙着那个蓝色口罩。

“再坚持一段时间，马上就可以不用戴了！”班长前脚刚进门，就迫不及待地说。在好奇心的驱使下，我问：“为什么，为什么？”原来，我们强大的国家已经控制住疫情啦！

日子过得很快，很快期末考试临近，老师突然宣布不用戴口罩了。这天，在脱下口罩的那一刻，我感觉天空变得很蓝很蓝。一股自豪感涌上心头，这是祖国母亲的成就，正是她，我们才能这么快就不用戴口罩。

我和同学们站在六月的暖阳里，风乍起，吹在我们的脸上，甚是舒服。脱下口罩的那一刻，中国正在远离疫情的侵扰。

点评

文章围绕“脱下口罩的那一刻”，分为三个场景来写：一是在体育课上偷偷摸摸地摘下口罩，只为喘口气，换来呼吸正常；二是在小树林里确保无人后摘下口罩，想要自由；三是在学校里得到允许，脱下口罩，心生自豪。事件虽小，意义却大，反映了小作者对个人与群体关系的思考，对个人与国家关系的领悟，立意颇高。

脱下口罩的那一刻

句容市第二中学七(10)班 阚欣妍 指导教师 胡良琴

脱下口罩的那一刻，我更加热爱这个世界。——题记

突如其来的新冠疫情，打乱了我们的生活。而如今，我们终于可以脱下口罩，呼吸久违的新鲜空气，走出户外，热烈地拥抱大自然！

脱下口罩的那一刻，我要感谢你们，一群可爱的白衣天使！感谢你们为了抗击这次疫情，不惜“抛家弃子”。正值妙龄的姑娘们，剪掉美丽而飘逸的长发，戴上那副沉重的护目镜，义无反顾地投入这场没有硝烟的战“疫”。我也要感谢那些研发出新冠疫苗的科研人员，正是你们

夜以继日，反复试验，才使得新冠疫苗成功面市。人们感谢你们，祖国为你们而骄傲！

脱下口罩的那一刻，我要感谢你们，一群可爱的志愿者！你们浑然不顾可能会被感染的风险，奔波在城乡的大街小巷，贡献一分属于自己的力量。你们的付出，大家都看在眼里。你们的精神，我们将铭记于心。我也要感谢那些坚守在普通岗位上的劳动者。正是你们的坚守，保证了城市的正常运转，保证了人们的衣食住行。有些同志因为劳累，牺牲在了岗位上。你们的名字将会被人们永远记住，祖国会为你们而骄傲！

脱下口罩的那一刻，我为生活在这样的一个国家而自豪。面对新冠疫情，举国上下齐心协力，不怕困难，众志成城，共克时艰。在全球新冠疫情迅速蔓延的时候，我们国家正是依靠着这样的精神，及时控制住了疫情，赢得了令人瞩目的抗疫胜利，使人们的生产、生活秩序得以恢复。这再一次证明了社会主义制度的优越性，再一次证明了中华民族是无往而不胜的！

脱下口罩的那一刻，意味着我们可以重新回到美丽的校园，可以见到久别的老师、同学，重新开始一段新的学习之旅。脱下口罩的那一刻，我还明白了，哪有什么岁月静好，只不过是有人替你负重前行罢了。

点评

这篇同题作文《脱下口罩的那一刻》，小作者没有和大多数参赛同学一样写成记叙文，而是选择了抒情散文这一体裁，值得称道。在文章里，小作者由抗疫过程中的英雄群像，写到举国众志成城共抗疫魔的精神，层次鲜明，文字具有一定的感染力。

得知假期延长之后

扬中市外国语中学七(7)班 陈宝筠 指导教师 陈文美

以前我总是觉得假期太短，要是能再多几十天，岂不是太快乐了！谁说梦想不能实现？2019 年的寒假就因为新型冠状病毒的蔓延，变得比暑假还要长。

在寒假即将收尾的十几天里，我差不多已经完成了所有作业。这天一大早，我懒洋洋地躺在沙发上看小视频。虽是寒冷的冬天，室内却因为开着空调而十分温暖，窗户上结着一层薄薄的雾，在阳光的折射下形成一道小小的彩虹。

小视频中荒诞的语言逗得我笑到喘不过气来。这时却听“叮”的一声，顶部推来一条新闻：“最新消息！全国各校将推迟开学时间！”还有这等好事？骗人的吧？我用手指向上一滑，开了免打扰。

“喜报！班级群里发通知了！这个寒假因为新冠疫情而延长了！”昵称“小石头”的同学在同学群里冷不丁冒了出来。真的？我的腿瞬间成了缝纫机，“嗒嗒嗒嗒”疾速往楼下跑：“妈妈，寒假真的延长了？”妈妈似笑非笑地望了我一眼：“真的哦。”“真的？”我急不可耐地再次确认了一遍，“不是骗人的吧！”

“是真的——”妈妈的再次确认，让我兴奋地猛地跳上沙发，又蹦又跳。假期延长了，那不就多出许多时间来玩了？想干啥干啥，不用担心老师会看到——他们又不长千里眼。顺便悄悄地补一补学习，重新回到学校之后，突然一鸣惊人，杀同学们一个措手不及……

我如痴如醉地想着，刚想去拿包薯片解解馋，就听妈妈用一种“奸计得逞”的语气说道：“吃什么吃？学习去啊！”“啊？不是……”“网课！”

我抱着小抱枕坐回电脑前的椅子。唉，扫兴，扫兴！算了，学吧，说好要一鸣惊人的呢！

“同学们，这道题应用方程解更方便。设底面积为 X，用底面积乘以高……”“啊？为什么乘高？不是圆锥吗？”我疑惑极了，把视频进度调回五分四十五秒，反复看了好几遍，也没看出所以然来。视频仍在继续：“众所周知，一毫升是等于一立方厘米的……”是吗？为什么？我仍是疑惑不解，恨不得钻进屏幕问一问：老师，我不太明白，请问为什么？

唉，我摩擦着水笔，抓耳挠腮，一边跟着视频做题一边叫苦不迭：这下还怎么一鸣惊人啊？

往后的十几天，我总是在学习方面有这样那样的问题，要是有个老师在身边就好了。麻烦总是一个接着一个来。因为成天在家摄入大量卡路里，又没法上体育课，我肚子上的肥肉也一天天堆积起来，渐渐“发福”。呜，想念体育课！

终于，漫长的寒假在几十天后结束了。我背着书包回了学校——几十天不见，甚是怀念！

就这样，我从得知假期延长之后的欣喜若狂中逃离，又激动地回归了校园的怀抱。唉，新冠疫情，你可难为我了！

点评

得知假期延长之后，“我”的情绪无疑是激动的，并为延长的假期进行了初步的规划。然而计划不如变化，随着“网课”的上线，“我”发现麻烦接踵而至，当初激动的情绪已是荡然无存。这一情绪的变化，最终落脚在激动地回归校园上，真实而自然。

得知假期延长之后

扬中市外国语中学七(11)班 杜庆昊 指导教师 陈太霞

“今年寒假因疫情延长了。”“好像要到三月底才能开。”“唉，小家伙又得在家里多疯几天了。”餐桌上，爸爸妈妈在讨论着今年寒假延长的消息，我不禁喜上眉梢：太棒了！爸妈单位仍正常上班，这下就只剩我一个人在家了，想怎么玩就怎么玩。

第二天，爸妈都上班去了，我这才一个鲤鱼打挺从被窝里蹦出来，三下并两下地穿好衣服，拿起一块面包，一边啃一边打开电脑。趁电脑开机的工夫，又急急忙忙地去厨房拿一瓶牛奶，一边喝一边趿拉着拖鞋走进房间，瞥见桌上的手机显示有一条微信未查看。正纳闷于大清早谁会给我发消息时，手机又响了。

打开一看，不得了，发了七八个文件，全是作业，刚喝进去的牛奶，都差点儿喷出去。“不是吧，这么多！”

打印出来，足有十几张纸，什么计算题、赏析、练笔、奥数题，看得我头都大了，只恨爹妈没多生两只手。

我把一杯热牛奶猛地灌下肚，一咬牙，关掉电脑，放下手机，写了起来。艰苦卓绝地奋斗三个小时后，总算完成了，先不说质量怎么样，反正数量是达标了。正准备再次打开电脑的时候，妈妈回来了。她热情地把我喊出房间，故作神秘地说："我给你带了个奖励，你绝对喜欢！"我满心期待地向妈妈要奖励，结果妈妈呵呵一笑，像变戏法似的从包里掏出一沓数学试卷："开心吧，快点写，晚上要用！"

我惊得下巴都快掉到地上了，只好用颤抖的双手接下试卷，恨不得一头撞死在南墙上算了。

午饭过后，我马不停蹄地写试卷，又用了两个多小时，试卷总算写完了。我叹了一声气，一摊烂泥似的瘫在床上，恨不得一下睡到天荒地老，海枯石烂。但我很快重新振作起来："不行，我今天游戏还没玩呢！"于是拿起手机，与朋友一直玩到天荒地老，海枯石烂。

晚上还有一节直播课，听完以后就洗洗睡了。躺在床上，我想："这延期寒假真不如上学，一个人在家好无聊，好想同学们。"

真的，当游戏都玩腻了的时候，同学们就只能在同学群里约着干些无聊的事情，比如：数米。不管怎么说，自从假期延长以后，每天想的不是怎么玩，而是什么时候开学，第一次盼开学，还是被动的，难受。

点评

这篇文章胜在"真实"，用白描的手法直陈其事，娓娓叙说，无拘无束，朴素无华，但情感却奔涌其间。当今的文章说真话的固然有，但说假话的也不少。有些文章刻意去表现某种想法，仿佛是故意作态，故意说给人听。学生的作文，往往也感染上了这种不良习气，动辄拔高，不写出一个光明的尾巴就不算是好文章。写作要有感而发，要写真实，要按事物的本来面目自然地抒写。疫情给了每人一个新的视角、重新审视的机会，每位学生都应该有所发现，勇敢表达。

记得春节禁足时

镇江市炎黄外国语学校八(2)班 霍子航 指导教师 张亚莲

春节禁足时，我窥见了父亲的另一面。

父亲常年出差在广东，我很少与他见面。对于我来说，父亲是隔着冰冷屏幕的寄托。他在我心中，永远担着一切，高大坚强，从未崩陷。

今年寒假，因为疫情原因，父亲去不了广东，只好在家待着。

月亮在天穹中漫步流浪，光线徐徐穿过一朵又一朵轻烟似的云雾，笼出一片柔和的银白。“嗒嗒”的键盘声不断响起——父亲在客厅办公。我在一旁写作业，眼睛却止不住地瞟向他。只见他眉头紧锁，眼睛紧盯着电脑屏幕，单手托着腮，背驼了下去，似乎担着千钧的重压。良久，他放下手中的笔与一叠厚厚的表格，轻叹一口气，平日里那双遇事沉稳、炯炯有神的眼睛里充满了疲惫和焦虑。他似乎实在支撑不住了，将背靠在椅背上，那副样子全然不是我心目中那坚强有力的栋梁的样子。

父亲，好像也没有那么坚强。港湾，好像也会塌陷。

我看了许久，突然想到，成年人的世界哪有“容易”二字，何况还是肩负一家七口的成年人！

寂静的月色渲染着世界。月下那个清瘦的身影徘徊着，他正打着电话。“那大概什么时候能给钱呢？公司里好多员工都在跟我要，我也不好交代，总不能一直欠着人家的吧。”他小心翼翼又无可奈何地说着，平静的声音在阳台上回荡着，荡进了我的心间，荡出了一片苦涩与无奈。对方良久没有回应，他叹了一口气，随手摆弄着阳台上生意盎然的绿植，又说道：“那我再想想办法吧，看看还能不能贷款。”电话挂断后，他苦涩又习惯性地闭了闭眼。随即，看见倒水的我，愣了愣，又沉稳自若，仿佛一身轻松地对我说：“睡觉前不要喝那么多水，喝完早点睡。”

我无言。点点头。

父亲，在我面前努力维持着那个塌陷了却又温暖的港湾。

记得春节禁足时，我看见父亲的另一面。

点评

春节禁足时，小作者看到了父亲的难处，也体察到了“父爱如山”的厚重，这无疑是一次长大的机缘，我们每个人都会因这样或那样的经历而长大。文章个性化的表达却能引起共鸣，一个家庭一个男人的遭遇反映着疫情带来的社会影响。该文“以小见大”，亮点突出。文章读来有些沉重，父亲的动作、眼神、话语是让人酸楚的，然而，有一位细心观察、真心体察的孩子，感受着父亲、理解着父亲，这无疑是让人欣慰的。该文在细节刻画、环境烘托等方面，颇耐寻味。

记得春节禁足时

镇江市丹徒区世业实验学校九(2)班 王丽娜 指导教师 丁婉

二月的疫情似魔鬼般禁锢了我们的双脚。

除夕，晨光洒向大地，玻璃窗上闪烁着新生的曙光。迷迷糊糊在床沿摸到手机，意料之中的一排祝福语，复制、粘贴、转发，这都不是我想要的。我静候着他能赶回家。

还是逃不过“安全为首”，大桥不允许非本地人通过，信号不稳定的一通电话，潦草地回应了一句话——“回不来了，今年过年你和爷爷奶奶在家吧。”

夜幕降临，没有鞭炮，没有烟花，没有欢喜，一桌子的菜也提不起一丝的欣悦。

夜色如浓稠的墨，化不开。天阴沉沉的，遮住了明月，像是我把思念埋得更深。低下头，写了会儿作业，又抬头，惊讶地发现，在漆黑的夜晚，云渐渐散开，月儿露出娇羞的一角，像是对我咧嘴微笑。我也对它笑笑，似乎也没有那么难过，做女儿的，总要体谅父亲的心啊。

云雾向着月亮奔去，像给少女蒙上了面纱，增添了几分神秘。我的思绪随云雾缠绕在天空，这一缕，那一缕……

“叮——叮——”特别关心的提示音，唤回了思绪纷乱的我，赶忙拿起手机，充电线被猛地一拽，掉落在木地板上。

“在干吗？”

“睡觉了吗？”

我慌忙地点击聊天框，敲击键盘。

“没有。”

片刻无声，正疑惑，一通电话打了进来，是视频电话。接通后，熟悉的面孔映入眼帘，待画面稳定后，却又觉得有些陌生，鬓角的碎发多了几根银丝，额上像被时间的车轮碾过。聊了很久，都是些平常话，如今，那晚的谈话已忘却了。

“宝，那边有月亮不啦？”

我将目光投向长空，明月赫然在我的窗前，几朵云绕在她的身边，宛如嫦娥下凡。我把摄像头转向明月，截下一张“团圆图”，有月亮，有我，有爸爸，有年的滋味。

夜深了，向爸爸道了晚安，沉入梦乡。

如今想起，还记得那梦，梦中的月亮，温和地照着；爸爸和我，欢声笑语，迎接新年。

双足会被禁锢，人心又怎能被禁锢？念念不忘，必有回响！

点评

这是一个略显孤独却又充满温情的生活片断，它告诉我们，亲情、思念、牵挂是疫情不能阻断的。“月亮”作为本文的主体画面，有强大的氛围营造功能，增添了文章的意境美，也传达出“但愿人长久，千里共婵娟”的人情美。

第三单元

语意还需细琢磨

《他（她）真搞笑》，这是2020年“增华阁”阅读写作大赛小学四年级组A卷的一道赛题。这个题目看似很好写，偏题作文却着实不少。

面对这道赛题，文章要想切题，首先得要明白“搞笑”这个词的语意。在《现代汉语词典》里，“搞笑”共有两层意思。其一，指制造笑料，逗人发笑；其二，指滑稽可笑。不管是哪层意思，和单纯的恶作剧还是有明显区别的。有一位同学在作文里，写同班有个男生很搞笑，午休课的时候不好好睡觉，“啦啦啦”唱起歌来；上体育课的时候，趁体育老师去卫生间，和同学打了一个回合。这些事，显然和“搞笑”二字丝毫也搭不上边。

如果弄不清楚“搞笑”的含义，便没办法构思文章框架、确定写作素材，写出来的文章就有可能偏题。可见，琢磨清楚题目中关键词的语意，是动笔写文章之前的必修课。

再来看看2020年“增华阁”阅读写作大赛小学四年级组A卷的一道赛题——《我来“露一手”》。什么叫“露一手”？《现代汉语词典》的解释是这样的：“(在某一方面或某件事上）显示本领。”例句是：“他唱歌真不错，每次联欢总要露一手。”

翻了翻同学们的参赛作文，以《我来“露一手”》为题的参赛作文，偏题的很少。有的同学写尝试做可乐鸡翅，有的同学写学做奶昔，有的同学写烹饪西红柿炒蛋，有的同学写学洗衣服……这些都非常切题。之所以几乎没有偏题的，原因在于同学们对“露一手”的语意，理解得非常透彻。

在第一单元，我们谈到审题的时候，说的是短语或是句子的审题方法。其实作文题目有时并不是短语或是句子，而是一个字，或是一个词。例如 2018 年“增华阁”阅读写作大赛，初中组就有《悔》和《悟》这两道赛题。拿到赛题，同学们需要仔细琢磨“悔”或是“悟”的语意。“悔”有懊悔、后悔这两层意思。懊悔指的是做错了事或说错了话，心里自恨不该这样。后悔则指事后懊悔。这两层意思既有相通之处，又略有区别。“悟”要稍显复杂一些，包括了解、领会、觉醒这三层意思。同学们在写文章的时候，只有紧扣住字面的核心语意，精心架构，才能写出切题的文章来。

《打包》《得力》《得趣》，这是 2020 年“增华阁”阅读写作大赛初中组的三道赛题，都是一个词。我们不妨先来查查《现代汉语词典》，看看这几个词在词典里作何解释。

“打包”一词的解释有两条。其一是用纸、布、麻袋、稻草等包装物品。例词是“打包机”“打包装箱”。其二是打开包着的东西。例词是“打包检查”。“得力”一词的解释有三条。其一是得益。例句是“取得好成绩，得力于平时的勤学苦练”。其二是做事能干，有才干。例词是“得力助手”“得力干部”。其三是坚强有力。例词是“领导得力”。“得趣”一词，《现代汉语词典》未收。查《汉语大词典》，收有该词条，解释有三条，分别是“谓合乎礼之旨意”“领会情趣”“获得乐趣，有趣味”。其中第一条解释是古义，我们写作文用不着。

弄清楚了这三个词的含义，接下来我们便可以谋篇布局了。以《打包》来说，“打开包着的东西”这个语意，通常同学们是想不到的。大家最容易想到的，大概是“光盘行动”所倡导的，饭后将没有吃完的食物打包带走。不少同学的文章素材，与此相关。通常写得最多的是，奶奶或是婆婆在饭店吃饭时，总是要将剩下的饭菜打包带走，作为小作者的“我”，感觉别人火辣辣的目光投射过来，羞愧难当。最终，“我”慢慢明白了奶奶或婆婆的良苦用心，知道一粥一饭当思来之不易云云。题材撞车，这样的文章读多了，不免令人寡然无味。

如果从审题技巧来说，上述写法实际运用的是“狭义审题法”。也就是说，根据题目最确凿的、最为大众所广泛接受的语意出发，架构全文。“狭义审题法”的优点在于，文章通常会比较切题，不容易写偏。但缺点也显而易见，素材雷同，缺少新意。考场作文，为保险起见，不妨使用“狭义审题法”；若是赛场作文，不能求新求变，文章常常便会折戟沉沙。

除了“光盘行动”里的“打包”，人们到餐馆点餐时，没有选择堂食，而是用餐盒装上食物带走，这无疑也是一种“打包”。镇江市外国语学校八（19）班刘浩同学的微型小说《打包》，取的便是这层意思。这篇小说从市长打包引起众多猜疑着手，针砭时弊，颇是辛辣讽刺，很见功力，值得一读。文章的思想深度，较之“光盘行动”，自是胜出一筹。

“打包”还有其他用法吗？当然有。例如新冠疫情发生之后，各地的救援物资纷纷援鄂，这也是一种“打包”，而且是“打包”最基本的本意。扬中市外国语学校八（3）班姚苏航同学的赛场作文《打包》，便是以新冠疫情发生后物资打包为背景来写的，继而将援鄂医护人员形容为打包好的包裹，在众多同题作文里，别具一格。

有些同学在作文时，将“打包”与“爱心”做到了虚实结合，构思也相当不错。丹徒区支显宗学校八（1）班杨湉澍同学写妈妈将早餐打包好，硬是要塞到差点赶不上校车的“我”手里。“我”来不及拿早餐，匆匆跑出家门，妈妈急地追了出来。在校车到来之前，“我”看到马路对面拿着打包好的早餐的妈妈，最终还是跑了过去……从表面看，妈妈打包的是早餐，但仔细品味，打包的分明是沉甸甸的爱心啊！

以上所举几例，其实使用的都是“广义审题法”。“广义审题法”要求作者跳出固有思维，通过仔细揣摩赛题，展开必要的联想和想象，最终确定独具匠心的写作素材。相较“狭义审题法”，作文题目的核心语意通常是不会发生巨大变化的。但在特定的情境下，也往往会像化学反应一样，产生不同的语意效果。哪怕这种变化是细微的，也能收到意想不到的功效。这样的文章，读来令人如饮醇酒，醺醺然微醉其间。

同学们在此不妨好好体味体味，如果分别以“狭义审题法”和“广义审题法”来写《得力》，该怎么动笔呢？

“狭义审题法”，《得力》可以写成父母的得力小帮手，老师的得力班干部，等等。不过对于中学生作文来说，这样未免会失之于浅，没有思想深度。从“广义审题法”来说，“得力”不妨理解为“得益”。如扬中市外国语中学八（14）班的陈昊哲同学记叙了一次社会实践活动的过程。整个社会实践非常成功，在文末，小作者写道：“我不禁发出感慨，这真是得力于团队合作啊！”既点了文题，又升华了主题。

镇江市外国语学校八（4）班吴沁书同学在作文里将“得力”解释为“得到了力量”，倒也不失为一条解题之径。可有的同学对“得力”却有随意曲解之嫌。如有位同学写自己提出和爸爸妈妈比一比，看谁的植物更得力。通篇读下来，所谓的“得力”，其实是长势茂盛的意思。将“得力”解释为长势茂盛，这是无论如何也说不通的。这篇文章是不是能改改角度呢？当然可以。其实小作者完全可以写自己和爸爸妈妈比赛，看谁的植物长得更好。最终，得力于持之以恒的付出，“我”取得了比赛的胜利。如此一来，文章不就切题了吗？

还有的同学将《得力》写成了议论文，这就惹上偏题的麻烦了。要想写成议论文，题目至少应该改成《论得力》。有的作文题，体裁包容度较高，可以写成记叙文、议论文，甚至不妨尝试诗歌、说明文的写法，但有的题目对体裁是有所限定的。可见审题时，审清体裁同样非常重要。

最后再来说说赛题《得趣》。由于“得趣”的意思较为浅显，无论“狭义审题法”还是“广义审题法”，都是万变不离其宗。这时候，就更加需要在素材的选择上花工夫了。

生活在于观察，在于思考，处处留心皆学问。“举杯邀明月，对影成三人”，这是李白月下独酌所得之趣；“误入藕花深处，惊起一滩鸥鹭”，这是李清照沉醉不知归路所得之趣；“取老干之径直者，为窗之上下两旁”，这是李渔制作梅窗所得之趣……上述所举三例，皆系李姓名人，原出无心，恰似有意，岂非自有另一番“得趣”之处？可见天马行空，恣意纵横，皆有妙处。

在大量同题作文里，如何才能脱颖而出？视角的别具一格，是重要因素之一。以《得趣》为题写作，有的同学写下棋之趣，有的同学写读书之趣，还有的同学写体育运动之趣，种种素材源自生活，自然是不错的选择。可这些文章大多像烹制成的一桌大餐一样，总觉得少了哪味调料，或是欠了一些火候。这里推荐同学们读两篇名家的关于“趣”的作品。一篇是张恨水的《南京记趣》，另一篇是思果的《雪夜有佳趣》。

张恨水《南京记趣》，分成若干章节，如“窥窗山是画”“白门之杨柳”“日暮过秦淮”“翁仲揖驴前”“秋意侵城北”“顽萝幽古巷”“江冷楼前水”等。作者以白描式的写法，记述了在南京的所见所闻，其中之趣，便掩映在散淡的文字之间。如在“市声拾趣”一节里，作者这样写道：

其实，市声的大部分，都是给人一种喜悦的，不然，它也就不能吸引人了。例如：炎夏日子，卖甜瓜的，他这样一串的吆唤着：“哦！吃啦甜来一个脆，又香又凉冰淇淋的味儿。吃啦，嫩藕似的苹果清脆甜瓜啦！”在碧槐高处一蝉吟的当儿，这吆唤是够刺激人的。因此，市声刺激，北平人是有着趣味的存在，小孩子就喜欢学，甚至借此凑出许多趣话。例如卖馄饨的，他吆喝着第一句是“馄饨开锅”。声音洪亮，极像大花脸唱倒板，于是他们就用纯土音编了一篇戏词来唱“馄饨开锅……自己称面自己和，自己剁馅自己包，虾米香菜又白饶。吆唤了半天，一个子儿没卖着，没留神丢了我两把勺。”因此，也可以想到北平人对于小贩吆喝声的趣味之浓了。

可见，想要写好“趣”，并非一定得刻意地编造“笑点”，而是重在观察和提炼，让文字生动俏丽起来，“趣”意自然便会跳动在文字背后。就像张恨水笔下的市井风情，不是一样的趣意盎然吗？

思果《雪夜有佳趣》，写的是在美国所经历的一场大雪。作者在文中写道：

门外邻居家的孩子已经出来掷雪球，带了溜冰鞋、冰刀游戏了。还有人牵了狗出来溜达。雪地上白狗不容易看出，黑狗就很触目。黑猫不用主人牵，独自在林子里路上乱闯。我看不到“黄狗身上白，白狗身上肿”；只觉得树枝都肿了。到了晚上，一家邻居塑了雪人，一家邻居塑了雪猫，猫比人大一倍，倒像狮子。孩子们嵌了猫眼，骑在上面也不消融。我和梅醴想起童年也干过这些玩意，现在却躲在屋里了。

读了这样的文字，你能感受到雪夜的有趣吗？下雪天，我们也常常会经历一些有趣的事情。可我们笔下的雪天，能像这篇《雪夜有佳趣》一样，让读者感受到别样的趣味吗？

要想写好像《得趣》一样看似思路无法拓展的文章，审题之余，首先要做的便是构思全文，确定写作素材。近代学者林纾在《春觉斋论文》里说："善为文者，一题到手，必先将全篇谋过，一一审定其营垒阵法。"写作素材最好具有一定的特别元素，如果能再有点思想性，那就更好了。其次，便要将大量的工夫花在文字的组织上，要让文字生动起来。在文章立意无法独占鳌头的时候，文笔显得更加重要。

他真搞笑

镇江市红旗小学三(6)班 夏铭悦 指导教师 李星

我们班有一个搞笑大王，那就是李博言。

他看上去很活泼，人高马大，身体强壮。又粗又浓的剑眉下，是一双不大的眼睛，闪烁着又调皮又幽默的光芒。高挺的鼻梁下是一张喜欢笑而且喜欢讲笑话的嘴。

他特别喜欢讲笑话。有一次，一个同学对他说："如果我的鞋子破了，天知道!"他立刻回答说："地晓得!"大家原本已被第一个同学逗得哈哈大笑，此时又被李博言一逗，立马炸锅了，有的捧着肚子笑，有的笑得已经躺在椅子上了，那些大嗓门儿同学的笑声，说不定这层楼的同学都听到了。

他也特别喜欢做搞笑的动作。有一次大课间，他在管纪律时，发现有个和他一起管纪律的同学和别人讲起话来，他就装作踢人的样子，轻轻地踢了那同学一脚。由于踢人的次数有点多，老师已经把他"削职为民"了。

他写作文也很幽默。上次写"我的妈妈"，得了 95 分。课堂上读给大家听时，他读得绘声绘色，大家听得个个都偷偷地捂着嘴笑。尤其是听到他的结尾"这就是我妈妈，一个变化无常的妈妈"时，大家早已忍不住了，不管会不会被老师骂，一起大笑起来，老师也笑了。

他虽然很搞笑，但是情商还是很高的。每当同学很伤心时，他就会一本正经起来，给那个同学一个同情的眼神。每当同学之间发生争执时，他都会劝他们不要打架了："你们这样只会两败俱伤，可能学习也会下降，还得互相赔钱。你们看还是别打了吧……"

这就是我们班的搞笑大王——李博言，同学们都很喜欢他。

点评

文章写了一个会搞笑的同学，一个活泼可爱、充满趣味，而且富有爱心的李博言同学。是什么让我们有这种感觉的呢？小作者从不同角度写了李博言同学的逗人之处——外貌、话语、动作、作文。最值得肯定的是小作者采用的侧面描写，同学的表情、动作，以及老师的反应，显然，小作者是一个表现场面、营造气氛的高手!

我来“露一手”

丹阳市新区实验小学四(3)班 巫盈秀 指导教师 戎淑霞

今天妈妈不在家，爸爸和外公带着弟弟去医院打预防针了，家里只剩下我一个人。我想：弟弟打针一般都要好久才能回来，而且我作业也写完了，不正好可以“露一手”，让他们尝尝我的手艺吗？

我穿上围裙，带上袖套，一切准备就绪，我要开始啦！

我学着妈妈的样子，调火温，打鸡蛋。忙得不亦乐乎，心里想象着那一桌丰盛菜肴的样子。

鸡蛋煎得半熟的时候，该撒调味料了。可我看了半天，哪个是味精，哪个是糖，我根本分不清。这时，锅中的鸡蛋已经从我想象中的两面金黄且美味，变成了黑不溜秋的煎“黑”蛋。

我又做了糖醋排骨，可是调味料放错了，火功不到家，糖醋排骨变成了“咸苦”磨牙排骨。

我毫不气馁，又做了好几道菜。最后，把我比较满意的端上了桌。可实际上，也没好多少：“黑”椒炒肉“块”，“糊蛋”炒“焦饭”，还有上面漂满“黑花”的“黑蛋”汤和烂成块儿的“焦蛋”饼。

爸爸最先回到家，接着是外公和弟弟，最后是妈妈。当他们回来时，我才发现，我成了最大的笑点。因为，为了做这些菜，我的脸被糊成了“大黑猫”。

当他们看到桌上的菜时，万分惊喜：“你还给我们准备了菜呀，我们得快点去洗手。”可当弟弟洗完手，飞一般地冲到桌上抓起筷子，尝了一口“焦蛋”饼后，大喊一声：“我的姐姐，你用心做了吗？你是来坑我的吧！”我有点不好意思，而爸爸妈妈却笑着对我说：“我们知道你用心做了，只是技术不佳，对吗？”我点点头，看着弟弟那一副狼狈样，我也笑了。

点评

在众多“露一手”，做出色香味俱佳菜肴的作文中，这篇作文显得比较特别，“理想很丰满，现实很骨感”，小作者虽有“雄心壮志”，但以“不完美”而告终。可贵的是爸爸、妈妈对小作者的体谅和爱护，以及弟弟的比较友好的表现。这让我们思考，“我来‘露一手’”的作文命意究竟是什么呢？我想，应该重在考查人情、心情、感情。这篇文章做到了，出于对大人的体贴，小作者想“露一手”，而最终得到了大人的温暖回应，这是文章最打动人的地方。

我来“露一手”

镇江实验学校四(6)班　邵子齐　指导教师　顾月花

“丁零零——”闹钟响了。我睁眼一看，呀，妈妈不在家。下床洗漱之后，我简单吃了早饭，突然发现，地上有好多灰尘。我心想：“这不正是我来‘露一手’的好机会吗？”

说干就干。我先去阳台把水桶拎到水池里接水，接着把拖把放入水中浸湿，然后试着用吃奶的力气把水拧干。拖地时，我学着妈妈的样子，左手在前，右手在后，左腿在前，膝盖弯曲，右腿伸直蹬着地，背部像一座弯弯的小桥。我用尽全身力气前后拖动，拖了还没有小半个客厅，不一会儿就筋疲力尽了。

这时，我不禁有些泄气了。可一想到妈妈每天回到家，既要做家务，还要辅导我学习，陪我练琴，真是够辛苦的，我就不断地给自己打气，重新燃起斗志，像上了发条的闹钟，浑身充满了能量。很快，我就把整个地面都拖了一遍。直起腰，欣赏着自己的劳动成果，我的心里比吃了蜜糖还要甜。

我正在想象着妈妈回到家，看到锃亮的地板会是啥表情时，突然想到，做事要有始有终，脏脏的拖把还没洗干净呢！我赶紧又跑回阳台，在水池里洗干净拖把，晾晒起来。唉，做家务真是辛苦啊，渐渐长大的我，以后一定要学会分担爸爸妈妈的劳动。我在心里默默地提醒自己。

这时，屋门口传来了妈妈的开门声。妈妈回家后，会是什么表情呢？我飞一般地朝门口跑去。

点评

“露一手”的含义非常宽泛。在这篇文章里，“我”趁妈妈不在家的时候，把家里的地面拖了一遍，算是“露了一手”。文章对于拖地的过程，描写得很是生动，并说明了做事要有始有终的道理。最精妙的是结尾，一个小小的疑问句，既设置了悬念，又收煞了全文。

我来“露一手”

镇江市敏成小学四(1)班　王越泽　指导教师　王燕

在班上，同学们都称我是“诗词达人”。其实也不是因为我会背多少诗词，而是有一次我背了一大段白居易的《琵琶行》，把同学们给震住了。大家都认为我诗词储备量肯定是班上最多的。

这天语文课上，班主任王老师对我们说：“学校要每个班推荐一名诗词背得最多的同学，参加古诗词诵读比赛。下午班队活动课上，我们会通过竞选的方式，产生最终的名单。你们每个小组可以选派一名代表参与竞选。现在大家可以商量一下，推荐谁参与竞选。”

我们组在讨论这件事时，组长对大家说：“王越泽是我们班的诗词达人，要不就选他吧。”大家全都表示同意。就这样，我得到了这次“露一手”的机会。

班级竞选，通过古诗词背诵来决定最终的名单。课间，我打开书，找到《琵琶行》，然后开始不断地诵读，并尝试着全篇背诵。此前虽然

《琵琶行》的大部分段落我已经能够背诵，但常常还是会背了上句忘了下句，背得很不流畅。这次竞选，我一定不能有差错。

“主人下马客在船，举酒欲饮无管弦”“同是天涯沦落人，相逢何必曾相识”……这些句子在我心里一遍遍地背诵，在我脑海里一遍遍地闪现。赶在下午班队活动课前，700多字的《琵琶行》全篇，我终于能够一字不落地流利地背诵出来。

班队活动课上，竞选正式开始了，气氛有些紧张。轮到我上场了。“浔阳江头夜送客——”我一口气地开始背诵起来。同学们听得瞠目结舌，他们谁也没想到我能背出这么长的名篇。他们其实不知道，此时的我怀里像是揣了只小兔子，心怦怦跳得厉害，生怕背错一个字。

足足背了十分钟，我才走下讲台。教室里响起了雷鸣般的掌声。最终，我被选为班级代表，参加学校的古诗词诵读比赛。通过这件事，也让我更加明白了“有志者事竟成”的含义。

点评

在这篇文章里，“我”“露一手”的内容是背诵唐代大诗人白居易的名篇《琵琶行》。作为一名小学四年级的学生，小作者能将这么长的古诗背诵出来，实在不容易，值得点赞。文章记事较为完整，文尾点明“有志者事竟成”的道理，升华了主题。

我来“露一手”

镇江新区丁卯小学(东校区)四(3)班　吴芯蕊　指导教师　邵颖

“哇！好香呀！”

“我口水都要流下来了！”

“太好了，我成功了！”

我的叫声冲出窗户，在窗外飘荡。为什么我会这么开心呢？原来，今天早上我自己成功地煎了一只鸡蛋。

爸爸、妈妈上班去了，这正是我“露一手”的大好机会。准备好一个又大又圆的鸡蛋，一桶金灿灿的油，一点儿白砂糖，一个平底锅。好了，一切准备就绪，我要开始了！

我感觉心飞快地跳动着，像有只小猴似的，上蹿下跳。我深吸一口气，让自己平静下来。我伸出手，扭动开关，火苗立刻蹿了出来。我捧着油壶，小心翼翼地倒了点儿油在平底锅里。“滋滋——”锅底传来刺耳的声音。接着，我拿起鸡蛋，在锅边轻轻地敲了敲。只听“咔嚓”一声，蛋壳裂开一条缝。我用手轻轻掰开，透明的蛋清拉着蛋黄的手走了出来，像是两个好朋友，坐着滑滑梯，滑到了锅底。很快，蛋清就穿上了一件漂亮的连衣裙。

我拿起锅铲，给蛋清和蛋黄翻了个身。“哇！”我惊奇地发现，蛋清和蛋黄已融合在一起，变成了一枚“小太阳”！眼看大功即将告成，我激动得不禁有些手舞足蹈起来。我把袖子卷起来，拿出白砂糖，洒了一点儿。拿起锅铲，再次翻个身，把火关了，终于大功告成！

灿灿的蛋黄，雪白的蛋清，看着就让人“口水直流三千尺”。我忍不住咬了一口，嫩嫩的，脆脆的，别提有多好吃了。

怎么样，你想吃吗？如果想吃，我就给你做噢！不收钱的！

点评

这篇以《我来“露一手”》为题的文章，以文字的生动俏丽而取胜。在行文中，小作者多处使用了比喻、拟人、设问等修辞手法，读来让人忍俊不禁。看得出来，这是一位热爱生活、懂得享受生活的孩子。

打 包

扬中市外国语学校九(8)班 何悦含 指导教师 任健

“打包!”这是我听太太说过的最多的话。就像信末要加“此致”“敬礼”、韩国晚辈对前辈说话要加“思密达”的敬语那般约定俗成。生活节俭到近乎苛刻的太太，每次下馆子都要说这两个字，哪怕是面对吃麻辣烫剩下的一点汤汁。

少年的我却不喜。每闻此二字，是一定要躲闪着旁人投来的意味不明的打量的——也许，有时是我自作多情，脸窘迫得发烧，不亚于齐天大圣听到了大悲咒。

太太不一样，这两字她讲得明目张胆，干脆响亮。往往是一边计较着打包费，一边手脚利落地把汤啊菜啊的分门别类地倒进透明的塑料袋。太太从不用饭店提供的纸质或塑料餐盒，她怕花钱。我也曾念叨过她许多次，可惜没用，她的嘴太厉害，能把打包这件事引申到社会主义核心价值观，再扯到二十四孝。“人不打包，天诛地灭”，太太总这样总结。“夫战，勇气也，再而衰，三而竭。”几次下来，我也懒了，再不管她。

我从没想过会喜欢上这两个字。

太太的侄女结婚，要她去吃酒，太太捎带上我。她干什么都带着我。婚礼的现场很热闹很奢华，光怪陆离的灯光洒在纯黑的钢琴上，泛起金属的光泽。享用完丰富的晚餐，自然而然到了熟悉的打包环节。太太凑过去帮忙，边闲谈边收拾一桌的残羹。我百无聊赖，昏昏欲睡，又对华丽炫目的灯光烦得很，便钻进了钢琴后的帷幔，蜷成一团就合了眼，似是胎儿。

也许是我睡得太熟吧，没有听到混杂在嘈杂声中太太的呼唤，亦不知人声散尽后太太绝望的喊声。只模糊听到有人叫：“找到了，找到了!”我被吵醒，刚抬眼，视线又暗了下去，是一个拥抱，黑乎乎、暖洋洋的，随后面前的胸膛响起了嗡嗡的鸣声，传到耳里是：“我怎么会忘记了把你打包带走呢?”太太声音哽咽了，她把我抱出帷幔，我渐渐清醒，宛若新生。

“打包带走”，我当时没来由地喜爱得紧！从这四个字里，我能听出宠溺和疼爱，小小的心暗喜——我是被宠爱的孩子呢！如此想来，四字不输天籁。

这场闹剧的经过，是多年后一个要好的婶婶告诉我的。“可把你太太吓坏了”，她如是说。而太太缄口不语。

太太去哪儿都要打包带上我，这是她的生前。庄周走了，留下他与蝴蝶的谜团；林徽因走了，留下她的人间四月天；吕不韦走了，留下一卷《吕氏春秋》，还有他和秦始皇生母赵姬的一段宫闱秘事。而现在，我跪在太太墓前泪眼婆娑。这一次，您怎么，忘了打包带走我呢？

点评

诙谐幽默的语言是本文最大的亮点，看似戏谑，实则至情，打动人心。“打包”的内容的变化，“我”对“打包”二字的情感变化，发生在巧妙安排的情节之中，小作者娓娓道来，表达了对太太的深切思念。

打 包

丹徒区支显宗学校八(1)班　杨淏澍　指导教师　徐菊娣

我将打包好的热气腾腾的早饭捧在手里，香气氤氲，温暖从手心蔓延到身体的每一个细胞，好暖，好暖……

“6 点 30 了，好起床了！”“6 点 40 了，还不动啊……”催促声接连不断地向我砸来。“哦，知道了。”我含糊地应答着，身体却一动也不动。“几点了啊，你自己看看几点了啊！”妈妈推门走进我的房间，将还在会周公的我扶坐起来。我睁开眼睛，眼前的一切都是朦胧的。妈妈用被子将我像粽子一样打包起来，几乎没有一点透风的地方。“快穿衣服，别再睡了，我下去给你弄早饭。”

拿起手表一看，6点50！我瞬间便清醒了，麻溜地穿好衣服，洗漱，背起书包，便往楼下冲，这时手表的指针已指向7点05分。我知道，再不出发，校车就要发车了。

“吃了早饭再走！”妈妈急匆匆地叫住了我。“哎呀，来不及了，不吃了。”我丝毫没有停留的意思。“来得及，吃几口再走。”妈妈将我拉进厨房，我只好拿起碗，拼命地向嘴里塞粥，滚烫的粥真叫人难以入口。这时，妈妈从冰箱里拿出保鲜袋，撕下一只，用力一抖，保鲜袋便张开血盆大口，将妈妈早上起来特意为我煎的小馄饨、小馒头，一个不剩地装了进去。一颗颗小水珠悬浮在保鲜袋表面。最后，妈妈熟练地打了个活结，将餐点全部打包好。

“太烫了，不吃了，不吃了。”我跑向门口，慌乱地换鞋，心里焦急万分。“带着在路上吃。”妈妈将打包好的餐点递了过来。“不要了，不要了。”我将她的手推开，打开门，跑了出去。

“带上啊，带上！”没想到妈妈拿着餐点，追了出来。“不吃了！”我头也不回，向校车停靠站跑去。

跑过马路，到了停靠点，我发现还有几名同学没到，这才稍稍松了口气。这时，我发现隔着一条马路，妈妈正拿着保鲜袋，呆呆地站在那里。我分明能看到她眼中的失落。“妈妈！”我没有犹豫，朝她跑了过去，一把从她手里拿过保鲜袋。“你快回去吧，我马上在车上吃。”我向妈妈笑了笑。就在此时，校车从不远处慢慢驶向停靠点。我向妈妈挥了挥手，转身便向停靠点跑去……

坐在车上，将打包好的餐点捧在手里，热气直往我的手心里钻，从手掌传遍了全身，真的好暖，好暖。

点评

在文章里，小作者对“打包”的含义给予了双向界定。从明处来看，写的是妈妈将做好的早餐打包好，让“我”带在路上吃；从暗处来看，妈妈打包的是浓浓的关爱，而这份关爱，将伴随着“我”一路成长。寻常的小事，特殊的解读，使得这篇文章既切题，又感人，而且别具一格。

打 包

镇江市外国语学校八(19)班 刘浩 指导教师 赵素青

清晨的雾像一幅巨大的幔帐，把整个城市网住，也不知这个陌生却又熟悉的小城里到底充满了什么……

远处，一个身穿中山装的男人踏着晨雾走在小巷里。他身材清瘦，气质儒雅，却又有一种不怒自威的气势。他的手里拎着一个透明袋子，仅凭外部突起的轮廓来判断，貌似一个打包盒。细细看，果然是打包盒，上面还有饭店的名字。

走近他的人不禁心里失声叫了出来——这不是市长吗？

是的，市长的妻子病了。他按照妻子的要求来到她平时最喜欢的饭馆里打包了几道小菜，给妻子提提胃口。因为怕影响不好，所以并没有动用公车，一个人悄悄趁着一大早步行过去。可是，他却忘了回来时正处于买菜上班的高峰期。他只得一边微笑着点头回应人们的问好，一边加快脚步。

迎面擦肩而过的是出来晨练的市工商局局长，他认出了市长，心里纳闷着："怎么，难道市长特别喜欢这家饭店？他刚才对我笑了一下，难道是在暗示什么？不行，我一定要打听出这家饭店，晚上多买几道菜送过去。"于是，他非常热情地跟市长打了招呼，还给了市长一个意味深长的笑，这让市长有些莫名其妙。

继续往前走，又遇到两个老头。还没走出几步，只听得两个老头用他们觉得很小的声音交谈起来——

"刚才走过去的是市长吗？"

"对对对，前几天他还到我们经常去的菜场视察的。可是，市长怎么会亲自去饭店打包呢？"

"这个无所谓了。我们马上就去那家饭店。你看，包装盒上不是有名字嘛？我们就去那吃饭，说是市长介绍的，他一定不敢收钱。"

"这样不好吧，总得给点！"

"怕什么，你当市长给钱了？快走！"

市长听到这，皱了皱眉，苦笑了一下，摸到了之前拿出的钱包，加快了步子。

前面有几个闲聊的大妈，她们可不会顾及那么多，刚一看到市长就议论起来——

“你看呐，现在当官的多腐败，一看这袋子，肯定是收的礼金礼品，趁着天明怕人看见。”

“不会吧，咱市长不是这样的人，也许是哪家老人病了，市长去看望。你看，里面不是打包盒吗？”

“别把人想那么好，谁知道盒子里装的究竟是什么啊！”

市长顿了顿脚步，眉头皱得更深了。

终于来到了市委宿舍楼，可迎面却被市委书记老婆看到了。两人简单打了招呼，却听到她在一旁自言自语：“这是什么？怎么我家老林没有？不行，一定要去打听清楚谁送的，可不能被他比下去了。”

终于，到家了。

他把几道小菜放在床边，告诉妻子今天一早的经历。妻子无力地笑笑，商量道：“要不，咱以后别下馆子了。”

点评

市长打包，这本应是一件寻常事，却引起了“众说纷纭”，岂非咄咄怪事？小作者视野开阔，关心社会；心思巧妙，寓批判于众多的巧合之中；小小说的意味较强，情节虽为虚构，但又贴合世态人情，人物语言和心理符合生活的真实。

打 包

扬中市外国语学校八(3)班 姚苏航 指导教师 顾彩萍

不同往年，今年的春节少了些许热闹。五双眼睛紧盯着电视机，关注着疫情的发展。新闻联播时间过半，画面一转，来到一处机场……

“请问您在做什么？”主持人把话筒递给了一位正在忙活的大叔。“哦，我这是在打包呢。”大叔暂时停下手中的活计，虽戴着口罩，但仍可以从他的眼角看到温暖的笑意。

“这些包裹要发向哪里？”

“武汉！”没有一丝迟疑，大叔说出了这两个字。

镜头聚焦，箱子内的东西一应俱全，口罩、消毒水、防护服……

“即使人分两地，但是我们有着共同的‘敌人’，有着一样的期盼，有着一样的目标……”主持人用铿锵有力的声音说出大家的心声。

护送车上，年轻有为的医护人员有说有笑，面对眼前强大的“敌人”，没有一丝一毫的紧张或恐惧。有医生甚至打趣道：“我们就是一个个包裹，打包给了武汉。”接着，便是哄堂大笑。

“包裹”们终于到达目的地了，从更衣室出来，穿上新的装备。刚才还在嬉笑的面孔立即严肃了起来。“包裹”们的眉心皱成了“八”字，坚毅的目光从护目镜中透出，震撼着电视机前的我们。

“二号床病人需要呼吸机！”“八号床病人休克!”……一声声呼喊回荡在方仓医院之中。“包裹”们摇身一变，成了冲锋在前的战士，没有一丝犹豫，毫不拖泥带水，他们以风驰电掣的速度解决好一个又一个问题，如同机器一般，昼夜不停地工作着。

“以前，他们是救死扶伤的天使；现在，他们是冲锋陷阵的战士，他们用自己的生命护着后方，他们是永远的白衣天使。”一句句感人的话语从主持人的嘴里说出，激动着每一个人的内心。

“这是俺家的蔬菜，可新鲜了，快点给医生们送过去。”“这里是我的一点点心意，请你们尽快交给武汉的人民。”“记住，一个都不能少。”……

一句句温暖的话语在耳边回响，一幅幅感人的画面在屏幕播放，一个个感人的事迹被人们传扬……人们将一个个包裹送出，不论是物质上的帮助还是精神上的鼓励，成千上万的“包裹”从四面八方汇聚武汉。

屏幕前的眼睛不禁湿润了……

点评

这篇文章记录了电视屏幕中播放的一个个关于抗疫的镜头，打包的大叔，“被打包”的医生、蔬菜、物资等，构成了众志成城的火热画面，让我们感受到的是万众一心的力量。文章以画面的转换、主持人的话语结构全篇，不失为一种较好的尝试。

打包

扬中市外国语学校九(9)班　常想　指导教师　郭凤彩

那种塑料制成的、形状大小种类繁多的饭盒，一般在点外卖时被使用。家中的桌子上不知堆了多少这样的盒子。最近父母工作任务繁重，没有时间煮饭做菜，于是一周之中，外卖小哥频频光临我家，造就了这一座“塑料山”。

体重陡然直上，日常跑步也变得吃力，可我仍然享受外卖所带来的“味觉盛宴”。好在周日，住在老家的爷爷奶奶会烧好丰盛的菜肴，迎接我的到来。

爷爷厨艺精湛，做得一手拿手的家常菜，味道绝不亚于外卖小餐馆。一家五口坐在桌边，边吃菜，边唠唠嗑，倒也其乐融融。可我却没动几下筷子，毕竟吃惯了外卖，以前觉得挺好吃的家常菜，突然没了什么胃口。“最近都吃的外卖，嘴都吃刁了。”母亲突然说了这么一句话，投来责备的目光。我把头转了过去，没有理会。

“外卖有什么好吃的，吃得胖死了，叫爷爷打包点儿菜回去给你们吃。”奶奶说着，顿了顿，朝门外庭院指了指，“院子里还有那么多橘子，也带点回去，不吃又要浪费了。”奶奶一边说着，一边不忘往我碗里夹菜。

奶奶是个地地道道的庄稼人，现在七十多岁了，还时常锄地松土。她一生吃着自己种的蔬菜，外卖这东西，从来没有尝试过。奶奶非常爱惜粮食，平时在家吃多少就烧多少，绝不会浪费。几年前，奶奶被查出胃癌早期，去上海手术治疗，一连好几个月。出院后回到老家，发现院中烂了一地的橘子，奶奶为此心疼了好几天。

刚吃完饭，奶奶就拎着竹篮，拿着剪刀去院子里剪橘子去了。我们临行前，奶奶的竹篮里装着七个精挑细选的橘子。奶奶的脸上，挂着慈祥的笑容。“不多，就七个橘子，一天一个，都吃了啊！”此时的爷爷，也打包好刚做的家常菜，让我们一定要带回去。

狭窄的车厢里，弥散着家常菜的香味和橘子的清香。打包的是关爱，温暖整个心房……

点评

这同样是一篇以《打包》为题描写亲情的文章。“我”吃惯了外卖的味道，对爷爷烧制的家常菜竟不以为然。可是，家常菜里面却蕴藏着无数的亲情和真情。奶奶打包的橘子，爷爷打包的家常菜，温暖着“我”的心房，也温暖着读者的心扉。

得　趣

镇江市第三中学八(1)班　胡宝悦　指导教师　单莉莉

不知你身边有没有这样的人：一到假期，就会背着大包小包，拖着行李箱，出去“旅行”。这不过是一种美名，实际上，就是去打卡网红景点。“这几个网红景点你还不知道？”“在这里随手一拍都是大片！”这样的声音越来越多，拍照成了旅行的意义，不去打卡就是跟不上潮流。人们习惯于在网络上寻找趣味，然后不远万里驱车前往。

这可不是旅行！现在，请你坐下，沏一壶茶，听听我的故事。

那次我去苏州。虽下着迷蒙细雨，可是景点的人依旧那么多，吵嚷着，拥挤着，每个人都使足了劲儿挤进景区。景区人满为患，我只得漫无目的地在老街上游荡，落寞而又恓惶。

走着走着，抬眸间，看见了一片老城，一个活了几百年的老城。他不如翻修过后的那样亮眼，可我却在这里遇见了那个真正的姑苏。

他引着我，用他那白墙黛瓦引着我，让我忘却了秋雨哀愁的倾诉，未入景区的遗憾，期待落空的痛苦，我被他牵了进去，准确地说，是我陷了进去。

走过窄窄的巷子，穿过窄窄的小河，踏上那青石板，一切都变了。那远处的石桥上，仿佛站着一位撑着油纸伞的女子。她就那样伫立着，任凭秋雨沾湿青绿的衣裙。她抬头，静静地凝视着，雨落在屋檐上，顺着青绿色的瓦片，缓缓地，缓缓地流下来；她侧耳，静静地听着，雨敲着青石板，叩响青石的琴弦，落进小河，发出水与水相迎的清音。迷蒙的烟雨之中，仿佛迎来了几条摇橹小船，背后漾起一片波澜；又似响起了那苏州的小调，绕过巷子，轻触雨丝，向我飘来，在耳边献上一个轻柔的吻。

"侬好，侬好！"我被这样的声音唤回了现实，是一位苏州老奶奶，说着吴侬软语，脸上带着温和的笑意，在我眼中，她仿佛又回到那青葱的岁月，低眉浅笑，小家碧玉。

姑苏，你给我的从未得到的雅趣，是在嘈杂的景点所不能得到的，是无论如何刻意寻找也不会寻到的。你带着苍老的身影——被抹上爬山虎绿影的白墙，碎裂的黑瓦片，和我跨时空地对话。那是一种高雅的趣味、文人墨客的趣味。我的灵魂得到秋雨的洗涤，已超然物外，任何语言都不足以描绘你的温婉韵味。

我的故事说完了。得趣是简单的，就像你在路口的转角，遇见一家咖啡店一样容易。不必别有用心，费尽心思，得趣只在行走之间。每一次意外地遇见，皆为得趣，便是旅行。

点评

旅行的趣味不期而遇了，这是一次意外吗？是，又不是。未能进景区的我，偶然遇见了老城，又张开视觉、听觉、触觉的细腻触角去感受、发现那个温婉的、古老的姑苏，趣味正在这样的全身心拥抱之中获得。文章文笔很是细腻，文中流转着一种清雅、静谧的美，那缓缓流淌的雨水、水与水相迎的清音、水面漾起的波澜、飘过耳际的天籁，古城的真趣展现得淋漓尽致。美的景色遇到美的语言，便能“得趣”！

得 趣

江苏大学附属学校八(2)班 朱怡悦 指导教师 王萌

得趣的奥秘，在于挖掘。

童年，很大一部分属于那个小园子。园子位置极佳，在学校之畔；风景绝佳，但似乎只是因为它有树有泥土。它有棵特别美的树，因为那树能密密麻麻爬上小孩；有株特别美的紫藤萝，只因为它夏天会结出豆角，捡来好玩。

我们尤其喜欢捡树枝，硬且直的那种，然后到小园子的边缘那里去。那里的土质疏松，一挖就开，但底下有石块。我们把石块挖出来，堆着，用来“鉴定”，然后把豆角、果核埋进去。

我们一挖就是四年，挖出了童年最主要的趣味，埋下的是不要长大的愿望。

一株西瓜终于在我们挖过的地方发芽，小园子开始翻修了。趣味，一部分被我们藏起，一部分像翻书页一样翻过了。

书页又翻过了一页，我的眼又往左上看去，再慢慢往右，往下。我抚过书页，纸质细滑，又低头一嗅，油墨和纸张的香气，令我愉悦。

青春和梦想觉醒的年龄，我终日得趣在书房。最大的喜悦，莫过于审阅自己的一柜藏书，再在波澜不惊的书皮中，寻找最震撼的文字。

书和地面一样，浅层的是土，再挖可以挖到石块，甚至宝藏。挖洞者看到井口越来越远，该是极有趣的过程。

读《骆驼祥子》，我终于感到那个所不见的苦痛世界；读《平凡的世界》，我懂了自我精神修养的可贵。

像一棵小树，根不断向深处挖掘，枝叶也更加繁茂，自我的不断构建，有无尽趣味。后来知道，有很多，在努力间。

夜里11点多，我的房间传来惊叫。父母连忙亮了灯，才发现躺在床上的我，正得意地笑着。

“神经病吧。”被惊醒的妈妈无奈地骂道。

我告诉他们，一道想了三天的数学题，刚刚茅塞顿开。他们走后，我又独自笑了好久。认真想一道数学题，然后茅塞顿开，那一刻的趣味，足以笑好久。就像经过一个学期的苦雨孤灯，在期末最后辉煌。拼搏，才是最高级的趣味。

每夜挑灯夜战，奋笔疾书，文字与符号，从我的大脑经过，然后挖开心神的困顿，豁然开朗。青春的趣味，在纸笔之间。

得趣，只在挖掘。留心身边，自然万物皆有趣，路过不忘俯身挖掘。世间有道，知识有趣，书中自能挖出；奋斗很苦，但是钻开地层的屏障，终有趣味的宝藏。

挖开，趣不难得。

点评

兴趣，是个性倾向的一种表现形式。人生有趣，因人而异。不同的人，有不同的乐趣；不同的人生阶段，也有不同的乐趣。而乐趣的获取，并不会与生俱有。“得趣的奥秘，在于挖掘。”作者开宗明义，直奔主旨，用一个富于哲理的判断短句，一下子吸引了读者的眼球。得趣者，何为挖掘？作者结合自己的亲身体验，紧扣“得趣在于挖掘”的立意，叙述和议论环环相扣，通篇闪耀着思考的光芒。

得 趣

镇江实验学校九(15)班 赵海粟 指导教师 姚晓欢

你爱绿豆糕，我爱坚果包；你爱手工造，我偏爱时髦；你爱晨起练，我爱不起早；你最爱京韵皮黄腔，我只爱流行吉他响。

奶奶你呀，是个戏痴；而孙子我呀，是个摇滚发烧友。父亲看祖孙两辈如此痴迷音乐，便网购了一个“天猫精灵”。果不其然，家中唯一的智能播音机成了我俩的战场。你最爱坐在院落中央，迎着沉沦的夕阳哼唱那韵味十足的京曲；我却爱躺在房间床上，随着吉他的伴奏沉浸在这动感飞舞的摇滚中。

奶奶，你不懂我的流行，是我们这一代的乐趣；我不懂你的京剧，是来自两百年前尘封的乡音，直到那一天……

暑假，姑姑、奶奶带着我与哥哥来到四川——一个充满辣味与传统风味的省份。晚上，姑姑拿出四张票来：“奉你奶奶圣旨，今晚咱们看京剧去。”我望了望奶奶，洋溢着激动与愉悦。你兴致盎然，拉着我和哥哥的手，踏进了剧场。在一群白发人中间，黑发的哥哥与我如此尴尬，但怎生逃脱？只好陪你，只看这一场。大幕徐徐拉开，百年前华彩的故事缓缓铺开，“猛听得金鼓响画角声震，唤起我破天门壮志凌云。想当年桃花马上威风凛凛，敌血飞溅石榴裙……”我只觉眼前豁然开朗，剧场的一桌一椅、一匾一令都散发着古朴的气息。金鼓嘈嘈切切，京胡行云流水。我被眼前的奇迹所震撼，转身望向身边，奶奶你，眼中闪着银光，像是在追求什么。宛转悠扬的曲调、黏糯的唱腔，我渐渐明白，奶奶追求的乐趣都是生旦净末丑中蕴含着的我们的根啊！

随后，舞台上下来好几个演员，伴着锣鼓，来到大家周围。忽然，他们的手从脸前一挥，多神奇的变脸表演！奶奶笑得更开心了，我不禁也融入这传统曲艺其乐融融的氛围中去……幕闭，雷鸣般的掌声响起。随着大幕的关闭，我和你一起拼尽全力，叫了一声大大的“好”。

你的京剧，是我们流行音乐的根基，我的乐趣也是你的乐趣，我渐渐包容了你的。“奶奶，我们一起去听音乐会吧！”“哈哈，去吧！”

我们的乐趣，看似相隔千里，却只隔一座包容的桥。

点评

奶奶是京剧迷，“我”却是个摇滚发烧友。这是属于祖辈和孙辈的不同乐趣。直至有一年暑假，“我”和哥哥被硬拉着陪奶奶看了场京剧，感受到传统戏曲的独特魅力，才渐渐改变了原先的看法。作者的视角，并未停留在对一般事物的“得趣”之上，而是观照了不同时代人们的不同乐趣，点出了“包容”的重要性，读来让人若有所思。就文中一处小小常识错误，顺提一句。流行音乐起源于19世纪末20世纪初的美国，是在布鲁斯、爵士乐、摇滚乐等美国大众音乐架构基础上发展起来的。文中称京剧是流行音乐的根基，显然不正确。

得 趣

镇江市江南学校九(3)班 赵伯骞 指导教师 张瑛

古人常羡陶渊明赋闲之趣，学做“采菊东篱下”，只盼“悠然见南山”，却往往自讨没趣，终是郁郁。

我说，得趣之法只在两点：淡中造趣和苦中寻趣。

淡中造趣，就是在平淡如水的生活中创造乐趣。常闻人说生活枯燥乏味，如古井之水波不兴，我看不然。

生活学习枯燥是常理，不过，当你自发造趣，就可知事实亦非如此。学生天职为学，当你破解一道数学难题恍然大悟，兴奋得手舞足蹈，连蹦带跳地与同学分享时，难道，此不为趣？当你遇上志同道合的朋友，促膝长谈，二人欢愉，曰“听君一席话，胜读十年书”时，难道，此不为趣？当你多日勤勉，换来令人满意的成绩，获得各方的赞誉时，此亦不为趣？

若从职业说开去，“趣”则更多。医生之趣，在于救死扶伤，看到病人康复时脸上的笑意，便是趣；教师之趣，在于教书育人，看到自己桃李满天下，便是趣；律师之趣，在于伸张正义，看到善人获赦、恶人得惩，再无纠纷，便是趣。正如梁启超先生在《敬业与乐业》一文中说的那样：乐业，则能寻业中之趣。学着在生活的平淡中创造自己的“小确幸”，在从事的职业里发掘乐趣，则能得趣。

苦中寻趣，就是在苦难波折的困境中寻找乐趣，苦中作乐。同为书秋，有诗曰“戍鼓断人行，边秋一雁声”，或曰“秋草独寻人去后，寒林空见日斜时”。可趣者见秋，则为：“自古逢秋悲寂寥，我言秋日胜春朝。”然则彼时秋与此时秋不同尔？不然，自古便是“乐者赏乐景，哀者见哀情”。

苦中作乐，重于自身见乐，带着趣意的眼光看待世界。当别人看到的是层层乌云和滂沱大雨时，你能看到雨后可能出现的彩虹；当别人看到的是刺目的阳光时，你能看到玻璃窗上折射出的五彩画；当别人看到的是秋日里枯黄残败的叶子时，你能看到包裹在那厚厚叶被下的新生的种子……生活中从来都不缺乐趣，只缺善于见趣的那双眼睛。不被眼前暂时的苦厄所迷惑，大胆展望未来，自然可以得趣。

把握住生活的惊喜，炼就能看见生活之趣的双眼，自己创造生活的乐趣，不需学做陶公“采菊东篱下”，亦能“悠然见南山”。

点评

此篇议论文当属佳作。围绕“得趣”，从“淡中造趣”“苦中寻趣”两方面，深谈“得趣之法”，文笔老到，颇有见地。文章首尾回环，从众人学陶求趣而不得说开去，最后，仍回到学陶求趣的话题上来。文中巧妙引用梁启超先生《敬业与乐业》中的观点，学以致用。诗句的引用、排比的句式亦为文章增色不少。

得 趣

镇江市索普初级中学八(2)班 马凛然 指导教师 吴昀

一张木制的棋盘上，留有淡淡的檀香。横平竖直的线条，划分出楚河、汉界。两旁，红黑分明，军容严整。大战一触即发。

推开记忆的大门，那个丹桂飘香的下午历历在目。爷爷与一位老友在树下对弈。夕阳的余晖，让这两位老人显得格外安详。棋盘上一个个工工整整的汉隶，仿佛把我带回古代，亲临战场。从此，我便爱上了下象棋，从中得趣，从中受益。

学习下象棋的过程是艰辛的，然而只要沉浸其中，便不会觉得辛苦。“炮二平五”“马八进七”……在旁人看来枯燥的棋谱，在我看来，则是通向成功的台阶。本就泛黄的纸张上，又增添了一枚枚指印；陈旧的棋子、棋盘，在我的反复触摸中变得油光可鉴。

正是刻苦的训练，让我掌握了兑子、弃子等战术，熟悉了“马擒单士”“炮仕例胜双士”等残局。小小的棋盘上，折射出人们“有舍有得，顾全大局”的经验与智慧，教会了我永不言败、坚持不懈的精神。

记得有一次比赛，高手云集。首场失利，更增加了我的挫败感。第二局的开局，由于疏于观察，连失两员大将。我几度把手按在“认输”键上。就在即将按下的瞬间，心中的不甘与倔强跳了出来。不到最后一刻，还有一线希望！最终，我将放在按键上的手又放回到了棋盘上。

接下来，我摆正心态，竭力斡旋，终于从危机的悬崖边回来了。棋子渐渐稀疏，决战的时刻来临了。突然，我紧锁的眉头舒展开来，嘴角泛起一丝笑意——对方的防线出现了漏洞。我抓紧时机，开始反攻。棋子落在棋盘上，碰出清脆的声响。这一声，也敲在了我和对方的心坎上。四周寂静了，我知道，这预示着胜利。

正是在一次次博弈之中，我学会了如何随机应变，学会了如何识破诡计，学会了如何不骄不躁……人生的智慧，在棋盘的方寸之间彰显无遗。我在棋中得趣，亦得益。

点评

能感觉到，小作者非常喜欢下棋。如果不是深谙棋道，是无论如何也不可能写出那么多象棋专有术语的。在文章里，小作者通过学下象棋、提高棋艺、与人博弈的过程，感受着下棋的乐趣，亦寻觅到了棋盘方寸之间所蕴含着的人生的乐趣，扣题非常到位。

得力

镇江市外国语学校八(4)班　吴沁书　指导教师　林新儿

“请54号选手准备。”

我猛地一哆嗦，开始冒冷汗。望着胸口赫然贴着的一张“54”，我吞了口口水，心脏“扑通扑通”跳个不停，可能一张嘴，它就会从嘴里蹦出来了吧。此刻我满脑子只有一个念头：“到我了，完蛋了！”

喧嚣的等候室此时在我耳边已是寂静一片。父亲匆忙跑过来，急切地问我：“准备好了吗？”我探头望向他身后。他打断我：“妈妈有很着急的病人要去看，我来陪你。”

大脑“轰”地炸开了，我满面通红地说：“我还有几个单词不怎么会读呢！妈妈又不在，你来又有什么用？”片刻之间，我眼角已有些许泪水，眼看就要落下。父亲掏出手机，立马搜了发音给我听，说：“别紧张，在台上就当是在家里演讲。”

怎么可能不紧张！又不是你上台，你懂什么？我在心里数落着父亲，心中不知怎地充满了怨恨。自小我就羞于在许多人面前发言，更别提演讲了！课堂上，我只要发言，就会面红耳赤，语无伦次，仿佛做了什么亏心事。想到这里，原本的信心荡然无存。

如果妈妈在，那我也许还有所依靠，有所安心，可是……平日与父亲交流少之又少，彼此并不了解，更别让他说什么关心、鼓励我的话了。

“54号！准备！”刺耳的喊声穿透耳膜。

父亲拍着我的肩，那宽大的手使我的身体晃动了两下。他说："爸不怎么擅长英语，没法帮你，但你平时的努力与付出爸都看在眼里。不管你的比赛结果如何，爸都会认可你——你努力了。加油！"我没想到父亲能说出这样一番话来。缓了两秒，我向舞台走去，不知道为何，原本空荡荡的心，此刻竟充满了力量，不再恐惧，冲破黑暗，全力，奔向那道光！

深呼吸，整理思路，阐述自己的观点……语言真心不华丽，但我真的很努力，开头依旧是结巴了。抬头，是评委们的面带微笑，远处的观众席上是一脸焦急的父亲。我努力地大吸口气，一气呵成。当我向评委们鞠躬时，不敢相信，仿佛新生。

走下台，父亲朝我奔来，带着笑容：那是我从未见过的笑容，更准确地说，是不应该出现在如此古板严厉的父亲脸上的笑容。接下来，更让我想不到，甚至一辈子都不会忘却的是，父亲说出了一句话："你真令我骄傲！"

我呆住了，哈哈一笑，转过头去，假装理头发，顺手带去了眼角的泪花，喜悦在心中荡开，漾起了一道道涟漪。

在那一天，我在父亲那里得到了比赛的力量，得到了战胜恐惧的力量，得到了爱与肯定的力量，得到了冲破黑暗的力量，得到了我往后在青春道路上奋斗的力量！

谢谢你，爸爸！

点评

这位同学真是心理刻画的高手，描写极其生动，现场感很强。一是细节到位。如"我""打哆嗦、冒冷汗、吞口水、心脏猛跳、大脑炸裂、满面通红"等描写，强有力地表现了内心的紧张；而父亲的关切、鼓励、期盼、赞许等通过动作、神态的细节也表现得比较充分。二是心理活动展开富有层次。紧张、着急、怨恨、失落、坚定、镇静、激动，随着情节的推进，各种情绪上演，符合生活逻辑。紧张之时，喧嚣之声变为寂静一片的幻觉描写，"假装理头发，顺手带去了眼角的泪花"的"小细节，大波澜"，更是亮点之处。

得 力

扬中市外国语学校八(1)班 周欣宇 指导教师 王红

大兴村里每个人都知道黄启的名字，知道他，是因为他是全村唯一一个考上大学的人！

黄启家境贫寒，是全村的困难户。儿时，他努力学习也就是为了能在过年时给每家写对联混口饭吃，却阴差阳错地考上了大学。大学毕业后，黄启混得风生水起，成了局长身边的红人。

这天，他随自己的现任上司张局长到大兴村扶贫。

张局长的车进了村，道路泥泞，加上前两天刚下过雨，开不动了。黄启连忙跳下车，满脸堆笑，右手开车门，左手像模像样地抵在车门框上方，将局长请出了车。

局长刚下车，就向周围望了望，问："小黄，你们村贫困户呢？今天我先看看他们。""好，好，您请！"黄启俯下腰，在前面指路。

他们到了王奶奶家。王奶奶家贫，但她心眼好，黄启小时候没少得到她的帮助。张局长在王奶奶家转了一圈：看到老旧的门，皱眉摇头；看到堂上摇摇晃晃的小灯，皱眉摇头；看到卧室窄小欲碎的床，还是皱眉摇头。黄启将这一幕幕都拍了下来，拍手叫好。张局长在王奶奶家的藤椅上坐了下来，翻看着黄启拍的照片。"这张不错，可以带回去做美篇。""这张表情不够自然，太假了。"……黄启在旁边不住地点头，小鸡啄米一般。

站在一旁望着的王奶奶有些着急，这问题还没解决呢。她拉了拉黄启，黄启的手先是一缩，然后才跟着王奶奶走出屋外。

王奶奶站定，抬头望着黄启，说："启子，你从小就得力，不仅聪明，还主动帮奶奶干活。你看我这日子……你是个得力的孩子……"黄启不耐烦地打断王奶奶的话，转身径直走向屋子。

张局长刚好看完照片，看见黄启进来了，笑着说："小黄，你真是我的得力助手！跟着我，我不会亏待你的。""谢谢局长!"黄启挠着后脑勺说："对了，时候也不早了，村里为您准备了晚餐，我也看过、叮嘱过了，都是您爱吃的。”张局长又笑了笑，挺了挺大肚子，拍拍黄启的肩：“小黄啊，你真不愧是我最得力的助手。”

不久，张局长的扶贫美篇为他赢得了领导的表扬，大兴村的扶贫资金也到位了。

张局长让黄启去大兴村送钱，黄启欣然而行。到了王奶奶家，黄启从三万资金中抽出了一千元，对王奶奶说：“奶奶，这次市里不太大方，只给您补助了一千元，我全都给您领来了，您收好啊！我下次一定跟局长说说好话，给您多一点，让您过得好一些。”

王奶奶愣了愣，笑着对黄启说：“启子啊，你真好！从小得力，奶奶就喜欢你，拿你当亲孙子一样待，你出息了，也能为奶奶考虑。你家也穷，你又刚工作不久，要不，这钱你就拿回去吧，下次有了钱，奶奶再拿也不迟。”

黄启等的就是这句话。听到这，他假意推托了一下，便道谢着，拿钱走了。

夕阳的余晖洒在黄启远去的背影上。看着他远去的身影，王奶奶念叨着：“老黄家终于有个得力的孩子了……”

点评

这是一篇微型小说，小作者做了比较好的尝试，重点虚构了“黄启”这一人物形象：对待领导热情周到，甚至有些卑躬屈膝；对待邻居奶奶颇不耐烦，甚至侵吞了她应得的扶贫款。文中“得力”一词多次出现，很有些讽刺的味道。“得力”意味着揣摩上意，让领导顺心；“得力”意味着欺瞒邻里，中饱私囊。个中意味，耐人深思。

第四单元

寻常之间求精巧

紧接着上一单元，我们来谈谈审清题意之后，如何为作文寻求一个最佳的角度。

《一张旧照片》，这是2020年“增华阁”阅读写作大赛小学四年级组B卷的一道赛题。完成这道题目没有什么难度，同学们只要围绕一张旧照片，写写照片背后难忘的往事就可以了。

相册里的旧照片，记录着童年的点点滴滴。相册里有那么多旧照片，究竟该围绕哪一张来写呢？可能很多同学犯了难。这里给同学们提一点建议，写生活的文章，最好选择那些亲身经历、感受很深的事情来写。这样写出来的文章，既真实可信，又容易打动人心。

扬中市明珠小学四（1）班冯思铭同学的同题作文，写的是一次做麦田志愿者的经历，题材选择就非常不错。很显然，这次经历给小作者留下了非常深刻的印象。句容市实验小学四（8）班沈嘉豪同学的同题作文，写的是一次跟爸爸妈妈到方特主题乐园游玩的过程。虽说题材比较寻常，缺乏新意，但由于这是小作者亲身经历的一件事，所以文字比较生动有趣，写得较为成功。

有些同学写文章，喜欢东拼西凑，或是信手瞎编，这是非常不好的习惯。毕竟记叙文不是小说，所运用的素材必须是建立在真实基础上的，是对真实素材的提炼与加工。有时候绞尽脑汁，苦思冥想，想要文章出新出彩，最终却因选题不当，或是穿凿附会痕迹过浓，适得其反。倒不如老老实实，写写身边人、身边事，反而更稳妥些。

面对《一张旧照片》这个题目，还有的同学可能会感觉无事可写，无话可说。个中原因，主要是平时对生活缺少观察和提炼。几乎所有旧照片背后，或多或少都会有着一段故事。只要留心生活，多多思考，将所思所想付诸文字，自然便成为一篇文章。正如古人所说："文章本天成，妙手偶得之。"

《盼望着》是2020年"增华阁"阅读写作大赛小学高年级组B卷的一道赛题。如果选择亲身经历、感受很深的事情来写，"盼望着"的内容可以是一次春游、一场演唱会，或是一次乒乓球比赛。除此之外，思路是不是还可以更加打开一些呢？

扬中市外国语小学五（6）班陈羽桐同学的同题作文，选择的题材便非常好。2020年突如其来的新冠疫情，一时间成为最大的"热点"，给人们的日常生活带来诸多不便。小作者笔下盼望的内容，便是新冠疫情早一点过去。文章很好地观照了现实生活，体现了时代特点。

叶圣陶等人所作《文心》一书里有这样一段话：

创作的题材应有新鲜意味，才值得选择认定。世间的事物，原都是现成的、平凡的、旧有的。所谓新鲜的意味，全要作者自己去发现。能在平凡的事物中，看出新的意味来，这是创作家的第一种资格。

这段话虽是针对创作而言的，其实写作文也是同样的道理。怎样才能让文章有"新的意味"呢？富有浓郁的时代气息，是其中的一大要素。

为了减轻学生和家长的压力，国家正大力施行"双减"政策。所谓"双减"，指的是减轻学生作业负担和压减学科类校外培训机构。这便是极具现实性的一大话题。如若现在来写《盼望着》这篇作文，完全可以拿"双减"政策作为背景，通过描写课业负担之重、校外培训之繁，盼望着"双减"政策早日落地。这便是观照现实生活的好文章。

再来谈谈2020年"增华阁"阅读写作大赛初中组A卷的一道赛题——《突然轻松之后》。大多数同学选择的写作素材都和学习有关，有的是课外培训，有的是兴趣班学习。突然轻松之后，可能导致学习成绩的下降，导致兴趣班跟不上。最后往往会以一段感想收尾，颇有点“八股文”的味道。

相形之下，镇江实验学校九（10）班李世裕同学的同题作文就非常有特点。小作者写外婆失去了土地，住进了城市的高楼里，不再需要下田干农活。可突然轻松之后的外婆，却失去了往昔的快乐。直到外婆重新拿起锄头，在附近的荒山上开垦了一块空地，脸上才再次浮现出笑容。这篇作文之所以特别，一是题材比较新颖，二是立意比较高。随着城乡一体化进程的加快，越来越多的失地农民住进了高楼大厦，他们的生存状态成为一个值得全社会关注的话题。结合这一宏大主题，再读读李世裕同学的文章，相信大家都会有不一样的感受。

“文以载道”，这是北宋理学家周敦颐在前人“文以明道”基础上，进一步申发出来的观点。什么叫“文以载道”？通俗点说，指的是写文章一定要说明一定的道理，表达一定的思想，也就是我们通常所说的文章一定要有“立意”。很多写得不错的文章，胜就胜在立意上。

南朝文学家范晔说过：“以意为主，以文传意。”意思是，文章要以立意为主，而用文采来传达立意。可见要想写出一篇优秀的文章，立意是第一位的。因此，同学们在动笔之前，对于文章想要表达的主题思想，一定要做到胸有成竹，也即古人所说的“未落笔时，先须立意”。这样在写文章时，想要运用的素材、论述的道理、表达的情感，才能高效地围绕着立意展开。

《小空间，大自由》，同样是2020年“增华阁”阅读写作大赛初中组A卷的一道赛题。这个赛题给予了同学们很多发挥和想象的空间。小空间，可以是一间书房，可以是一块菜地，也可以是窗台，甚或是鸟笼。你只要尽情地发挥想象，写出“小空间”里的“大自由”就可以了。

如果想要文章有些夺目吸睛的地方，那么不妨给你笔下的“小空间”贴上属于你的个性标签。也就是说，这个空间是你所独有的，是与别人绝不相同的。哪怕是书房，也必须写出特有的味道。

在几篇同题作文里，镇江市第三中学七（13）班李易轩的文章颇有意思。作者笔下的“小空间”，是蜷缩于客厅一角的虫房。养虫的乐趣，使得作者在虫房这个“小空间”里，找到了属于自己的“大自由”。正是由于题材独特，使得这篇文章很容易脱颖而出。平时写作文，想要在寻常之间求精巧，选择一些特别的、与众不同的写作素材，也是重要的途径之一。

最后以《月夜》为例，谈谈情景交融的重要性。这道赛题是这样表述的：

《繁星》这篇课文按照时间顺序，写了“我”在不同时期、不同地点观看繁星的情景。课文是这样开头的：“我爱月夜，但我也爱星天。”

请学习借鉴课文的写法，以《月夜》为题写作。你的文章可以这样开头：“我爱星天，但我也爱月夜。”

古往今来，人们对“月”总是寄寓着别样的情愫。普普通通的月夜里，有着怎样的故事？想来同学们都会别有一番感触在心头。

月夜不可能冷静而孤立地存在，必然会与人的情感发生碰撞和共鸣。“海上生明月，天涯共此时”，道出的是对亲人的怀念；“人生代代无穷已，江月年年只相似”，道出的是时光飞逝的无奈；“露从今夜白，月是故乡明”，道出的是思乡之情……这就是我们常说的“情景交融”。

出自丹徒实验学校五（12）班张一诺同学笔下的《月夜》，就很好地做到了情景交融。在文内，小作者写出了对月的喜爱之情。在这份喜爱的背后，充盈着亲情的味道，充满了对生活的热爱、对家乡变化的赞许。这许多的情感，通过“月夜”这一载体，得到了充分的表达。小作者观察敏锐，文字也颇为细腻，对于月夜景色的描写，虽仅寥寥数语，却极是形象生动，富有意趣，内心的情感寄寓其间。

情景交融，这是文章表达感情的有效手段。环境的描写、气氛的渲染，如果能和人物思想感情的抒发紧密结合，往往能起到事半功倍的效果。南宋词人张炎在《词源·离情》中说：“离情当如此作，全在情景交炼，得言外意。”诗词如此，写文章也是同样的道理。情景交融，常常能够抒发言外之意，所谓“言有尽而意无穷”。

这里，再推荐同学们读一读巴金的《月》。文字不长，读来却别有风味：

每次对着长空的一轮皓月，我会想：在这时候某某人也在凭栏望月吗？

圆月有如一面明镜，高悬在蓝空。我们的面影都该留在镜里罢，这镜里一定有某某人的影子。

寒夜对镜，只觉冷光扑面。面对凉月，我也有这感觉。

在海上、山间、园内、街中，有时在静夜里一个人立在都市的高高露台上，我望着明月，总感到寒光冷气侵入我的身子。冬季的深夜，立在小小庭院中望见落了霜的地上的月色，觉得自己衣服上也积了很厚的霜似的。

的确，月光冷得很。我知道死了的星球是不会发出热力的。月的光是死的光。

但是为什么还有姮娥奔月的传说呢？难道那个服了不死之药的美女便可以使这已死的星球再生么？或者她在那一面明镜中看见了什么人的面影罢。

这篇文章表达了作者对冰冷世界的憎恶和厌倦，对温暖和光明的无比向往。而这样的思想感情，正是在情景交融中表现出来的。

一张旧照片

扬中市明珠小学四(1)班 冯思铭 指导教师 张艳

妈妈的手机一打开，就会出现屏保——一张旧照片。照片里，一个小男孩穿着橙色麦田服，站在一个保温桶旁，手里拿着一只纸杯。这个男孩就是两年前的我。

涨涨落落长江水，一深一浅防汛路。四面环江的扬中小岛面临着江水的冲刷，入汛以来，7 月 8 日的扬中最高潮水位已达 7.05 米，超警戒水位 1.05米，防汛形势严峻。7 月 13 日，扬中市将防洪响应等级提升至Ⅱ级，全市 120 公里江堤，均要做到定人、定段、定时、定责开展巡查。重点对易坍地段、病险涵闸加密巡查，保证险情早发现、早处置。防汛工作者全面响应，驻守岗位，凌晨三四点便上了大堤。

我们麦田志愿者的任务是为防汛工作者送上姜茶，给他们暖暖身子，驱散早晨的寒气。

早晨6点，我和妈妈、姐姐就起床了，开启元气满满的一天。妈妈在锅里放上水和姜，随着“咕噜噜”的声响，生姜在锅中翻滚，不一会儿，一满锅驱寒的姜茶就熬成了。

在寒冷的早晨，我们出发前往江边的防汛点，为一线工作者送上温暖的问候。初升的太阳如同一团团燃烧的火焰，天空好像被画家染过，红的，橙的，紫的，还有一些我说不出的颜色，好不美丽！

到了防汛点，我冲下车，打开后备厢，急急火火的，想快点把姜茶送到防汛工作者的手上，好像慢一秒温暖就会大打折扣似的。

瞧，我们昂首阔步的模样，起早弄潮儿，温暖驻守一线的工作人员，以自己的绵薄之力感谢他们的付出。我用自己小小的手，拿起大大的勺子，打一满杯姜茶，一步步地走过去，一次次地送出，说一句：“你们辛苦了，谢谢你们啦！”

一句句暖心的话语，一次次贴心的问候，道出的是满满的真情。防汛不仅仅只有你，只有我，还有我们大家。

现场拍摄的照片至今仍保存在妈妈的手机里。每次看到，都会想起那天防汛工作者们疲倦却又精神的笑脸，想起我纯真的笑，想起冰心的名句：童年啊！是梦中的真，是真中的梦，是回忆时含泪的微笑。

点评

这是一张有纪念意义的照片，记住那个万众一心防汛的时刻，记住那个美丽的早晨，记住付出的真心。这篇文章选材好，与社会生活相联系，显然，小作者是个热心的、热爱家乡的同学。文中的议论与抒情恰到好处，有力地升华了文章的主题与情感，如“防汛不仅仅只有你，只有我，还有我们大家”的话语，让人感动。

一张旧照片

句容市实验小学四(8)班　沈嘉豪　指导教师　巫海燕

定期整理个人物品，是妈妈给我的建议。我也乐意做这件事，因为，这会带给我很多回忆。

今天，我又看到这张超级大摆锤的照片。虽然照片中的人太小，看不清，但我特别喜欢这张照片，每每看到这张照片，我心里都会默默感谢一个人……

那天，爸爸、妈妈带我去方特玩。玩了很多项目，水帘洞、水漫金山、滑道、飞索等。突然，爸爸发现了超级大摆锤。爸爸说：“我们去玩那个吧，看起来很刺激。你们两个去不去？不去我可一个人去了。”我兴奋地大声说：“我要去，我要勇敢面对。”可妈妈却向后退了两步说：“要去，你们两个去，我可不去！”最后，我和爸爸略带失望又充满兴致地向超级大摆锤走去。

妈妈在我们身后说：“你们两个加油，我给你们拍照哦！”我朝她摆了个胜利的手势，得意扬扬地走了。

队伍排得很长，几乎都是大人，而且都是男的，我心里有点打鼓。爸爸好像看穿了我的心思，在我耳边悄悄说：“不要害怕，有爸爸在，而且你自己也说过，要勇敢面对的！”我说，知道了，不害怕。

终于，轮到我们了。这超级大摆锤的样子有点像摩天轮，走进小房间，上面是个大板凳，下面是个小板凳。我和爸爸坐了下来，前面和旁边都是玻璃窗。服务员走过来确认我们是否真的决定玩这个项目，我和爸爸异口同声回答道：“Yes!”

大摆锤开始慢慢摇摆起来，起初摆动得并不高，我也很悠闲自在。但不久，大摆锤摆动得越来越高，开始了360度无敌之转，我吓得闭上了眼睛，一只手紧紧抓住爸爸。爸爸搂着我说：“不要怕，不要怕，有爸爸在，没事的。你一定要勇敢面对啊！你看，下面风景多美啊，快看看，妈妈在哪，来找一找！没那么吓人的，你只要鼓起勇气，一定可以战胜恐惧的！”

听了爸爸的话，我慢慢把眼睛睁开了，不看不知道，外面的风景可真美啊！蔚蓝的夜空，五彩的灯光……只是，没看见妈妈，可能我们太高，看不到妈妈了吧。其实，就在这个时候，妈妈已经拍下了这张照片。

过了好一会儿，超级大摆锤缓缓地落了下来。我下来时拥抱了爸爸，因为爸爸给了我勇气，让我渐渐成长起来，让我明白，做任何事都要鼓起勇气试一试，如果不试一试，怎么知道结果呢！

我拿着照片看了很久，想了很多。低下头轻轻吻了一下照片，又把它抱在怀里抱了好久，最后小心地放进相册。我要把这张照片永久地保存下来。

点评

一张旧照片，一次宝贵的经历，一份弥足珍贵的情感，小作者亲吻照片、怀抱照片、保存照片的举动和愿望让人感动！赋予照片意义是写作这篇文章的关键之处，小作者记叙了照片的来历，也揭示了此张照片的意义，它饱含着爸爸的鼓励与支持、妈妈的浓浓爱意、家庭的幸福和谐，更重要的是，它是“我”成长的见证！

一张旧照片

镇江实验学校魅力之城分校四(2)班　罗泽熙　指导教师　孙晓梅

在我的抽屉里，有一个红色旧盒子，盒子里有一张照片。照片上，一小一大两只手牵在一起。

那是三年前——

2017 年下半年，妈妈怀孕了。我激动不已，上蹿下跳，我要当哥哥了！此后，我的脑袋里总浮现着弟弟或妹妹顽皮的模样。

几个月后的一个下午，我听到一个惊人的消息：妈妈生了！是个弟弟！顿时，我就像彩票中了 10 万元一样，喜出望外，快马加鞭赶到了医院，去看我亲爱的弟弟。

“嘘！小声点儿，你弟和你妈妈都在休息哦。”爸爸在病房门口提醒我。我深吸一口气，慢慢地将门把手往下拉，轻轻走入病房。

屋里洁白的墙壁被灿烂的夕阳染成了红色，美丽极了。一张病床上，躺着我的妈妈。她头发凌乱，看上去疲惫极了，眼里却充满了慈爱。“小罗，你来啦！”妈妈看着我，挤出一个笑容：“刚才，这小子就是不肯出来，折腾了好久，他才恋恋不舍地从我肚子里出来。”妈妈摸了摸我的头。我仿佛看到妈妈生弟弟时的痛苦模样，我抱住了妈妈，给了她一个吻，便去看我的弟弟。

弟弟躺在床上，正呼呼大睡呢。他的眉毛又稀又淡，好像还皱着。鼻子有点塌，有趣极了。粉红色的小嘴一张一合，摸上去嫩嫩的、软软的。小脸肉嘟嘟的，泛着健康的红色。看着这么可爱的弟弟，我忍不住俯下身子，偷偷亲了一下他那柔软的脸蛋。他好像感觉到了，眉头一皱。我心一惊，生怕打破了他的美梦。就在这时，我一生中最难忘的时刻便发生了：弟弟的一只小手突然抓住了我的手，不肯松开。

我的心停止了跳动。

那一刻，我感到两个陌生的心灵无声无息地连接，被系上了一条红色的感情线；我感到一个小生命在融入我的生活，让我的人生步入了一个新的篇章；我还感到一束阳光射入我的身体里，给我一种从未有过的温暖。我闭上了眼睛，慢慢地享受从未有过的奇特感受。

爸爸拿起手机，拍下了这一刻。

现在，每当我看到这张照片，心里便流出一股温暖的小河。这是我的弟弟，爸爸与妈妈的另一个结晶。我会永远与他在一起，每一分每一秒都爱护他，让他幸福、美好！

点评

这张照片的内容很特别，一小一大两只手牵在一起。爸爸是个有心人，小作者是个有着满满爱心的孩子。二孩家庭，也可谓社会热点了，令人关注。这篇文章无疑为我们展示了相亲相爱的手足之情，纯真美好。小作者笔触细腻、温暖，进病房、亲弟弟那两段文字，句句精当，字字传神，“我的心停止了跳动”，夸张却又真切，让人心生喜爱！

一张旧照片

句容市实验小学四(6)班　阴毅然　指导教师　刘梅芳

我家墙上的照片栏里，有一张我穿着纸制衬衫、手拿帽子、摆着造型的照片，那是我第一次上台表演的纪念——

我一直没在台上露过脸，看着同班同学在台上又唱又跳，边说边比画，我真是羡慕得要死。我多想在台上露露脸，尝尝大家都看着我、给我鼓掌是什么味道。

中队会是个露脸的大好机会，我决心积极争取一下。当老师宣布表演名单的时候，我心里祈祷了几百回。耳边突然传来：“阴毅然，走秀！”我不禁欣喜若狂，激动得直跺脚，笑得嘴角都快裂到耳根了。

我的任务恐怕是最简单不过的了。当前面一个情景剧演完后，我们走上台，从后面走到前面，摆个造型，再回到原位就行了。虽然任务如此简单，但只要能在台上露露脸，怎么安排我，我都愿意。

可是，想得简单，真正做起来却没那么容易。排练时，因为紧张，我走上台，迅速做了一个动作，然后就飞快地跑回原位了。老师立即喊住我，叫我不要走得太快，造型摆得要帅：你不是在走马观花，你是要展示给全校同学看的……

啊，我以为走秀是最简单不过的了，没想到这么难。幸亏老师给了我多次练习的机会，没有撤换我。终于，在老师的指导下，我搞清了应该做哪些动作。

正式表演的时候来到了。老师一声令下："四（6）班演员，请准备！"我顿时满头大汗，脸上发烧，感觉整个身子都在发颤。

我们穿好服装，走向舞台，在舞台最下面的台阶上等候。一眨眼的工夫，前一个节目已经演完了，该我们上台了。我紧张得满脸通红，原来的期待，全都转为了紧张。可这时，音乐已经响，看来不上肯定是不行了。我心一横，牙一咬，深吸一口气，走向前台。

我来到前台，站定，把帽子摘下，向上举起，再把帽子在手指上转了两圈，最后鞠躬，走向原位。这时，我的心仍然在"砰砰"直跳，脑中一遍遍回放刚才台上的情景，同时安慰自己：任务总算完成了，不管结果怎么样，我已经尽力了。

感谢老师，给了我一次尝试表演的机会，还给我拍下了照片。

我的这第一次露脸，到底怎么样啊？我无数次问自己。爸爸和妈妈说，挺不错的。其实，我也是这样认为的。

点评

看到这篇文章，让人想起课文《一只窝囊的大老虎》，是不是这篇文章受到了课文的启发呢？其实，学习、模仿、个性化表达，这本来就是写作学习的途径之一。值得肯定的是，小作者的文章围绕"一张旧照片"回忆了走秀节目的来龙去脉，期盼、紧张、担忧、庆幸、鼓起勇气、自我安慰、自我肯定等心理活动表现得比较充分，真实地写出了一个不那么闪闪发光的孩子的内心和学习经历，具有典型性。同时，它也告诉我们一个道理：每一次成长都是可贵的！

盼望着

句容市崇明小学六(5)班　黄苏徽　指导教师　纪璐仙

自上五年级以来，我就有了一个远大的理想：买同学录，记下每一位同学的点点滴滴，作为自己的美好回忆。可惜当时我正在备战牛津三级的英语考级，没有让妈妈去买，所以这事迟迟没有落定。

也许是机缘巧合，考级考试结束，从教室出来后，偶然看见“积分兑换橱”中新进了一大批精美的“魔法占卜同学录”，只不过，每盒要三百积分！当时，我在“小橘灯”也只算个“萌新”，手上的积分不过二三十个，与三百个相比简直是天壤之别。我在橱窗前面痴迷了好久，才依依不舍地离去。回到家后，一下午，脑子里想的都是同学录，晚上吃饭也是心不在焉的。

从那天起，我开始盼望这盒同学录，开始努力地攒积分。那似乎是我最努力攒积分的一段时间，搞得“茶不思，饭不香”。背诵、打卡、拼读、检测……能赚积分的地方都能看到我的身影。功夫不负有心人，积分如我所料，滚滚而来，大概两三个月的时间，我的积分翻了十倍——两百多。我与那盒同学录，可以说有着不解之缘，它马上就要归我了！我站在橱窗前，喜滋滋地想。

时间如飞箭，一晃又是半个月。因为我的考级成绩达到了满分五星，又获得了五十积分。连续几个月的努力，我已经有了两百八十多积分，那盒同学录近在咫尺，触手可及了。可当我再去看同学录时，却惊恐地发现，原本橱窗里有许多的同学录，如今却只剩下了一盒！我差点飞出一句“我的天呀”！我只能更加拼命地攒积分，我想拥有那盒同学录不是一天两天了呀！我总不能，总不能中断自己的期望吧！

不好的事情接连发生。某一次上课时，老师出了道语法题。那题我本就不是很了解，老师叫我回答。我居然没好气地顶了个嘴：“这题我不会，你应该喊小王回答，他在您眼中可是个好学生。”话中竟还有了点儿讽刺意味。说完，我就想一个嘴巴子抽晕自己，因为我知道我“凉凉”了。果不其然，老师的脸成了紫色，大吼道：“黄苏徽！给我扣七十积分！”不知为何，我有些木然，似乎什么也没听进去。

有那么一瞬间，我想放弃那盒同学录。七十积分，不是个小数字，也不是半个月能攒回来的，我为它付出了那么多，它为什么不能属于我呢？万一我真的有积分换它了，它却已经被别人换走了呢？但最后，种种负面情绪却被一个词战胜了，那就是——“信念”！我盼望了它三个月，一定要让这段努力画上一个完美的句号！我开始振作起来，继续攒积分。

第四个月月底时，我终于有了三百多积分。那一刻我哭了，虽然我不知道为什么要哭。我快乐地拿着积分去找Elsa老师：“老师，我要换那个占卜同学录！看！三百积分！”

Elsa老师突然一拍脑袋：“你叫黄苏徽，是吧？上次考级有四个人是五星，同学录是作为奖励送的，不需要拿积分换！给了他们每个人一个后，还多出来一个。一查名单，发现一个叫黄苏徽的同学没有拿。不过，你还真攒到了三百积分，我真佩服你……”

点评

这是一篇趣味盎然的文章。小作者写了自己为了得到一本同学录拼命攒积分的过程。整个过程曲曲折折，读下来饶有趣味。当“我”攒足了积分，去兑换同学录时才得知，原来考级通过的同学，每人都可以得到一本赠送的同学录。这个啼笑皆非的结尾，不仅解开了橱窗里同学录为什么只剩下一本的原因，也让文章的构思变得更加精巧。

盼望着

扬中市外国语小学五(6)班　陈羽桐　指导教师　黄诤

2020年年初，新冠疫情暴发，武汉等诸多城市陷入病毒之中。高铁停了，闪烁着的霓虹灯不亮了，人们沉默了……时间，仿佛在这一刻定格了。

我盼望！我盼望着什么？我盼望着漫长的冬天离开城市，盼望着迎来春暖花开！

看着电视上闪烁的图像，我忽然被一条消息吸引了眼球。春天一定会在寒冬后走来！是啊，疫情在那些奋战在一线的医生护士们的努力下，最后肯定会过去。我们只要咬牙挺过，就会迎来疫情后的健康！

是什么让我这么坚定地盼望着？

一位医生为了研制出抗疫的药方，在办公室里昼夜不眠，他目光坚定，埋头苦干，留给我们一个坚定的背影。事后，他笑着说："我是党员，为了国家，我愿付出一切！"这些有力的话语一字一句地敲打在我心上，让我感动不已。党员、医生、护士、快递员……他们都有一个美丽的名字——"逆行者"。这些为国着想、愿付出一切、舍小家护大家的人，难道不值得我们信赖吗？他们值得我们信赖，值得我们支持，也值得我们尊敬！他们都是战士，是春天里的一枝花、一棵草，驱逐寒冬，迎来暖春！

我盼望着，盼望着……是什么让我这样执着地盼望着？

一个晚上，社区业主打开窗，高声唱着国歌。在雄壮的国歌声中，大家纷纷打开窗，大声唱了起来。大家用手机的灯光当作荧光棒，在空中飞舞着。温暖的灯光让大家的心都温暖了起来。我的心被这段视频牵扯着，有那样的逆行者，又有这样的支持者，我们怎么能不相信春暖花开呢？

我盼望着，盼望着，2020年4月，终于春暖花开，武汉等城市解封。时间又流动起来，霓虹灯闪烁着，高铁在轨道上欢快地滑行着，到处洋溢着人们的欢声笑语，春天来临了！

点评

这篇文章紧扣住了疫情这一主题。肆虐的疫情，影响着城市的运转，影响着人们的生活。希望疫情早点过去，肯定是很多人的心愿。小作者正是带着这样的心愿，盼望着早一点春暖花开。让文字能和社会共命运，与时代共呼吸，这样的文字便能更有生命力。

盼望着

句容市崇明小学文昌校区五(1)班　夏雨馨　指导教师　倪荣香

你踏出一个个深深的脚印，再也忍不住了，失声痛哭起来。我静静地望着你，不太难过，竟还有一丝丝欢喜！因为你说，我们每个月底都能见面，我也盼望着与你相见……

我也许真的不该相信你，可你把那个约定说得那么肯定，没有一点儿假！

春天了。月底，我都已将风筝准备好。想到能见到你，我开心得晚上根本睡不着觉。可你呢，没来也没说。我失落极了，像打了败仗的逃兵。我想你应该是有什么事吧？想到这儿，我心情好了一些，再一想，你为什么不跟我说一声呢？我压住火，往好的方面去想，自己骗自己！

夏天来了。我去小店买了冰棒，想一起吃，你不知道我等了你整整三个小时，冰棒早已化了，我没见到你……

秋天到了。我觉得你肯定会来，便拿起相机，想一起去拍照。你没来，时间不等人，我不可能等你24个小时吧！我鼻子一酸，握着相机跑了。一路上，泪水像关不住的水龙头，不住地流。这次，我不信你了……

冬天，下起了茫茫大雪，我迟疑了许久。也许，你这次也不会来。天使和魔鬼在斗争着，为了你，我愿意尝试。我拿着热水袋走了，我怕你冷。我被冷得抖了起来，双手紧握，不住地在原地走路，一双眼角有了泪水，直盯着车站。但最终，你——没来！我强忍着的泪水终于忍不住了，我不再相信你！

但我仍用那微微的信念坚守着，仍然每月底都去。盼望着，能再与你玩耍；盼望着，能再与你说几句话；盼望着，能再看见你的笑容；盼望着，能再……

不久，我终于收到了一封信：对不起！对不起！因为时间紧，路程远，所以没能来。这个月底我一定会来，相信我！

又是月底了。这天，我依然担心你会不会来。

你来了，真来了！我兴奋得快要哭了。你不再是你了，样子和性格都变了。我们拥抱着，讲现在的生活，讲从前的生活，讲未来的生活。时间一分一秒地溜走，捉也捉不住。“月底我还来！”你坚定地说。从此，我又开始了新的等待。

只是，这次我不再用那微微的信念来盼望，新的力量使我不由自主地盼望，那就是朋友之间的——爱。

山坡上，一个背影在盼望着我……

点评

生活中有很多事情，你一旦盼望着去实现，去完成，便会迸发出无穷的动力。支撑着“我”一次次前往车站的原因，是因为我盼望着和你的再次见面。一次次失望之后，我仍然满怀希望，最终迎来了久别重逢。整篇文章文字颇有诗意。但有所欠缺的是，行文有矫揉之嫌。

月 夜

句容市崇明小学文昌校区五(2)班 黄文悦 指导教师 年晓敏

我爱星天，但我也爱月夜。

小时候，我就喜欢在自家阳台上，盯着月亮看，看得入了迷。那有时弯、有时圆的月亮有着极大的魅力，像磁铁一样深深地吸引住了我的心。

上了幼儿园，外婆会在夏天的夜晚带我出去散步。我一出门，就被那又大又圆的月亮吸引了！我走，月亮便跟着我走；我停，月亮便跟着我停下脚步。柔和的月光轻轻照在我脸上，我望着月亮，想到了嫦娥的故事。我仿佛看到了美若天仙的嫦娥，她笑了笑，眉毛弯成了月牙。瞧，那是什么？原来是可爱的玉兔啊！只见玉兔跳到了嫦娥的怀里，转身走进了广寒宫。我一直注视着那个背影，直到消失。

在月亮变弯的日子里，我总是缠着外婆，问："外婆外婆，月亮为什么变弯了呀？是不是它太胖了，该减减肥了呢？"外婆慈祥地对我笑着，摸着我的小脑袋说："宝贝，月亮还会变胖的，那是它必须遵守的规则。"我也时常会想，要是有一天，我能飞到月亮上去就好了！我会坐在像小船一样的月亮上，拿上船桨，把月亮船从天上划到地上来！

如今，我长大了。但对月夜的喜爱并没有被时间的巨浪冲刷掉。我已经能感受到月夜的美妙和奇幻。

有一天，我在家乡的田野里看到了被许多闪闪发光的星星所包围的洁白的月亮！我深深地被震撼了。多美呀！晚风，轻轻吹拂过我的脸，田野里，虫儿的鸣叫声响而有节奏，我彻底陶醉在了这月夜里，用心来感受这一切。

我又不禁想到了外婆，要是她能在我身边该有多好啊！我就可以继续听外婆讲关于月亮的故事，和外婆一起在月夜里散步了！可是，这些已成为过去的记忆，我如今只能一人在月夜里思念着她……

我抬起头，望向那轮明亮的月亮，猛然发现，月亮变成了外婆那张饱经风霜的脸，一条条深沟般的皱纹也清清楚楚。我鼻子一酸，眼泪顺着我的脸颊淌了下来。啊，我亲爱的外婆，您为我付出了许多，却不求回报，我会永远记住月亮和您！

每一个月夜里，我都会想起这件事……

点评

每一个月夜，都藏着孩子们童年的梦。小作者关于月夜的回忆，是和慈祥的外婆密不可分的。整篇文章从过往写到现在，随着年龄的增长，"我"对月夜的感受可能会有所不同，然而对于外婆的记忆，却永远定格在了脑海中，与月夜永远不可分割。对亲人的思念之情，寄寓在字里行间。

月　夜

句容市崇明小学六(5)班　吴若语　指导教师　纪璐仙

我爱星天，但我也爱月夜。

小时候，月夜是神秘的。每天夜晚，妈妈都会给我讲故事，其中就有不少关于月亮的神话传说，诸如“嫦娥奔月”“玉兔捣药”，耳边听着这些美丽的传说，心中想着玉兔捣药的可爱景象，眼里看着那皎洁的皓月。以至睡梦中，我还会想后羿该要多么后悔呀！月宫中那飘飘欲仙的场景，不知在我眼前浮现了多少遍！孩童时期，月给我带来了无限的遐想，我一直向往着天上的世界。

进入小学，知道月夜是多变的。宋代大诗人苏轼笔下的是思念的月，“人有悲欢离合，月有阴晴圆缺，此事古难全”。而诗人张继笔下的是愁苦的月，“月落乌啼霜满天，江枫渔火对愁眠”。千古第一才女李清照笔下的又是期盼的月，“雁字回时，月满西楼”。月被诗人赋予了不同的色彩，寄托着诗人不同的情感。在不同诗人的笔下，月夜呈现出不同的色彩，擦出不一样的火花。

升入高年级，月夜寄托了另一种情愫。“嫦娥一号”成功登上月球，我们实现了千百年来的梦想。千百年来，人类一直不断地探索宇宙的奥秘，一层又一层神秘的面纱被我们揭开，宇宙不再是那么神秘莫测。

这些年来，我们经历了许多事。2003 年的“非典”，2008 年的汶川大地震，还有今年的疫情，中国人民一次又一次挺过来了。今年的疫情虽然来势汹汹，但有一群逆行者在为我们遮风挡雨。

寒假的一个夜晚，我坐在窗边，银白色的月光洒向大地。我望着高处那若隐若现的月亮，想着：“也许这时，那些逆行者也在看着月亮吧，它虽然不如中秋的月明亮，但也寄托着他们对家的思念吧。”此时，我对这小小的月亮生出了亲近之情，忽然觉得它明亮了许多。

我爱在这样的月夜浮想联翩……

点评

小作者爱在月夜浮想联翩。于是，在月夜里，便能想到前人的那些传世诗词名篇；想到今人登上月球的伟大功绩；想到疫情之中，无数逆行者对家的思念之情。整篇文章思想是流动的，文字是跳动的，但所有写作素材，却形成一个有机整体，紧紧地为主题而服务。

月 夜

句容市实验小学六(5)班 魏杰豪 指导教师 尹志兵

“露从今夜白，月是故乡明”，“月落乌啼霜满天，江枫渔火对愁眠”，这些诗句我们常常吟诵，它们不是干巴巴的方块字，它们是具有感情色彩的音符。

这些音符中最亮眼的便是“月”了。月，给了我们很多遐想：时而和流淌的溪水交融，时而随夜莺奏起悠然的乐曲，时而又随着满天星斗起舞。月，更是美丽的，“明月出天山，苍茫云海间”。

然而，从月的美丽中，更透出了淡淡的乡愁，如光斑洒在心间。

乡愁往往都是望月而生的。小时候吃过饭，在院子里玩耍，一抬头便能看见一轮明月当空，皎洁如玉。我便好奇地问：“妈妈，好大好大的月亮在天上，怎么就这么一点大呀？它到底是不是月亮呀？”妈妈总是向天上指去：“它离我们远呀，很远很远。如果它不是月亮，它像什么？”我立马一扬头：“像房子！到了夜晚，星星们都回那儿睡觉了！”“那你就这样觉得吧！”妈妈笑笑。我又问：“星星会想家吗？”“会呀！它们可喜欢自己的家了，那里有吃的，有好玩的！”妈妈答道。

那时候，我懵懂，不知望月思乡，但我知道星星们有家，它们的家是月亮，它们也会想家，我还经常为我的这一发现而兴奋不已。只是我这发现星星们不知道，月亮也不知道。

十岁时，暑假在三亚玩。晚上，夜灯闪烁，我躺在宾馆阳台的吊床上，喝着果汁。分分钟后，月亮映入了我的眼帘，它虽在遥远的天空，但我仿佛觉得触手可得。我凝望着它，感到非常舒服。那月光洒在阳台的地面上，斑斑点点。月亮一会儿被云层盖住，一会儿又露出来，在我眼前，像流水似的轻摇轻荡。我看着月亮，想到了在家的爷爷、奶奶，他们吃没吃到我给他们留的汉堡？吃过晚饭是不是在看电视？家乡的天气还好吗？想着想着，我闭起了双眼。或许，这便是对家乡的挂念吧！

现在我在书房观月。明月还是那样又大又圆，但我想到的不仅是星星，还有那些正身处异地思念家乡的人们，那些还在抗疫一线的医护人员，那些早出晚归、在路口死守的警察们，还在那些正忙于科研的技术人员。他们应该对着明月许下回家的愿望吧。想着想着，我便吟诵起了古诗："人有悲欢离合，月有阴晴圆缺，此事古难全。但愿人长久，千里共婵娟！"

月，如美妙的弹奏家，拨动了我心弦。我爱月夜，我愿对他抱有憧憬；我愿与明月共舞；我也愿和月亮一样，心灵纯洁，一同期盼明天！

点评　一轮明月亘古不变。同样的月夜，可每次赏月的内心感受却迥然不同，可见随着年龄的增长、阅历的丰富，"我"对事物的认知水平和能力也在同步提升。难能可贵的是，文章最后将触角伸向了抗疫工作者，观照现实，写出了一份浓浓的关爱之情。

月　夜

丹徒实验学校五(12)班　张一诺　指导教师　吴素芳

我爱星天，但我也爱月夜。

从小时候起，我就喜爱月。那时，我最喜欢那细细弯弯的蛾眉月。我家住在六楼，楼顶有个大天台，我就在天台上望月。

夜晚来临，我迫不及待地走上天台。拿张小椅子，坐在那里，悠闲地看那又细又弯的月。幼小的我兴奋地喊："快看，那月亮像不像妈妈弯弯的眉毛?”一旁的妈妈，露出了月光般柔和的笑容。

后来，我们搬家了，到了另一个小区。虽然没有了天台，但也挡不住我赏月的心情。

那天晚上，我坐在阳台上，看着那朦胧的月光洒进来，铺在地上。这奇幻的景象使我足足愣了几分钟。一片薄云拦住了月光，天空只剩下一些细碎的微光，但这场景，却有出人意料的美感。过了一会儿，云飘走了，那月亮终于又露了出来。

那一晚，我第一次发现月到底是有多么的美丽，月光到底是有多么的可爱!

再一次赏月，是在西津渡。踏在青石板上的声音很好听，走着走着，一轮明月渐渐升起，升到树顶，被枝叶挂住了。月光如银色的瀑布洒落下来，似一层轻纱，盖住了瓦片屋顶，盖住了青石板，盖住了古色古香的亭台楼阁，也盖住了小花园。不知不觉，走进小花园里，月光竟也来到这里，把我抱住，让我浸在柔和的月光和迷人的花香里了。

拾级而上，登上小山。俯瞰西津渡，无论亭台楼阁，还是大街小巷，都被月色笼罩着。仰头望去，皎洁的明月散发出微光，像一位美丽纯洁的仙子，不禁让人浮想联翩。我感觉自己仿佛就是“月亮仙子”，快要飞到月球上去了。

回家的路上，一段路有灯，一段路没有灯。走在没有灯的路上，我发现原本极其微弱的月光，竟是如此的耀眼，闪亮。月光跟着我，照亮了我归家的路。

这一晚的月夜，竟是从未有过的美好!

点评

这篇文章篇幅不长，读来却很有时空的纵深感。文章以“月夜”作为线索，通过时空的转换，定格了小作者的成长轨迹。文尾写到月光照亮了“我”归家的路，进一步提亮了整篇文章的感情色彩，也赋予了月以独特的人格魅力。那一夜的情景，如现眼前：夜幕下，“我”踽踽独行于归家的巷道里，一轮明月高悬天际，如影随形，柔柔清晖，“拂了一身还满”……

月 夜

句容市崇明小学六(5)班　孔天辰　指导教师　纪璐仙

我爱星天，但我也爱月夜。

提到月夜，古代的诗人们常常对它青睐有加。如李白的“青天有月来几时，我今停杯一问之”，再如张若虚的“海上明月共潮生”。而我，受诗人们的感染，也开始爱月夜。

五岁时，我在幼儿园受了老师批评，感觉自尊心受到了伤害，在家里抽泣了很长时间，谁都奈何我不得。已是晚上八九点。咦，我看到了什么？那是当空的皓月。那是我第一次真正注意到月亮。我很好奇，小步走向窗边，仔细观察它，试图解开我心中的几个谜题。只见月光普照四方，周围静悄悄的，只有几只小鸟飞过，带起的风吹着树叶，发出“沙沙”的声音。月亮旁边是无尽的黑色深渊。我的小小心灵似乎受到了什么撞击——那是种神秘的感觉，就像月亮在召唤着我。以后，只要是晚上，我都会去看看月亮。

时间像细沙，在指间缓缓流过。我上三年级了，今天是开家长会的日子。期中考试考得很好的我兴奋异常，晚上约了几个好朋友一起去操场玩。家长会已经开了很长时间，其他人都走了，只剩下我和一个我最要好的朋友。我和他坐下，一起看月亮。天气好像故意和我过不去。狂风乍起，月亮被厚厚的云层遮挡住，我们只能凭借一点微弱的光来判断月亮的大致方位。那是秋天，虽然不像辛弃疾说的“楚天千里清秋”那么美好，可也应该是万里无云的好时节啊，为什么会出现这种天气？我们正纳闷着，突然，聚集的乌云散开了，露出那神圣无比的月亮，狂风也不再怒吼。我们仔细凝视，月亮和天空仿佛近在眼前，伸手可得。众星璀璨，中间捧着一轮明月，给这无尽的暗夜添加了无数的乐趣和生机。如此，我得出结论：月亮和夜，是密不可分、缺一不可的。

天地不过是飘摇的逆旅，时间不过是人生的过客。今年的国庆节，我们坐飞机去了北京。第一天晚上，我们一家人准备夜游故宫。恰好，那天是中秋节，月亮无比的圆。故宫那精致的檐角小兽，乃至远处的大吻雕镂，都被我们用望远镜尽收眼底。那时，我感觉自己穿越回了古代，看到那么多杰出的帝王在紫禁城叱咤风云，我也看到中华民族千百年来的盛衰兴亡。2020年新冠病毒盛行，一方有难，八方支援，这就是中国。

受光于隙见一床，受光于牖见室央，受光于庭户见一堂，受光于天下照四方!

这皎皎明月，蕴含的不只是心情，那是天真无邪的少年时代，那是和朋友们的友情，那是无私奉献的爱情和亲情。这古今中外的一切，几乎都包含在这月夜里了。人的一生，生老病死都是常情，最重要的是求知的精神和不屈的信念，这些，都在这月夜里。

窗外，数缕清风卷过，我凝神静静地望，静静地看，仿佛能听到在那皎皎明月之中、青冥长天之上，有人呢喃低吟，如诗亦如歌……

点评

这篇文章的精彩之处在于，写完三次看月后，小作者用四句话对此进行了总括和提炼："受光于隙见一床，受光于牖见室央，受光于庭户见一堂，受光于天下照四方。"小作者想要表达的意思应该是，身处不同的环境，拥有不一样的心情，眼前所见之物就会有不同的认识格局。由逼仄处观月，自然所见局促，若在旷野处观月，则必定视野广博别开生面，进而产生全新的认知。正因为有了这四句话，看似平淡无奇的三次看月便有了逻辑递进的联系，作者寄情于事的叙述也升华为寓情于理的揭示。

月 夜

句容市崇明小学五(6)班 夏沁杨 指导教师 刘玉明

我爱星天，但我更爱月夜。

每当夜晚的脚步临近时，家乡小屋前的稻草堆便成了孩子们的天堂。他们把一天玩耍后的疲惫，交给那幽静的月夜。“升起来啦！升起来啦！”当银色的光辉从大地姑娘的头发中害羞地吐露出来时，孩子们总会发出兴奋的叫声。一条长长的小溪是月夜仙女的飘带，柔和、美丽，它总爱衬出月亮的那番沉静幽然的美。

我常常和母亲一起漫步在洒满月光的天空下，小溪在身旁哗哗地流，母亲的故事在空气中回荡。月光洒在槐树上，银色的光芒从树上缓缓流下，滴落在我们的头上。母亲带着一条丝绸围巾，身穿一条羊毛长裙，长长的秀发一直披到腰间，银色的光圈环绕着她的周身，配上她那动人的故事。增之一分则嫌浓，减之一分则嫌淡，一切都那么恰到好处。我常常问母亲，她与月夜度过的每夜是怎样的，但她却总是笑而不答。

有一次，母亲生病了。我只好独自在家中的窗边望着柔和的月夜。眼前是一棵棵槐树，密如绿海；眼前是一条条小溪，柔如飘带；眼前是一道道银光，宛若仙境。那晚，我并没有因不能出门、因不能听母亲的故事而失望。反而，我很开心，开心我看到了月夜下的另一番乾坤，开心我看到了更加遥远的天边，那是我的希望，那是我的将来。那是我第一次在月夜下看到了明天。

第二年的暑假，坐在游轮上的我仰望着晴朗的月夜，望着无边无际洒满银光的月夜，我又想起那天夜里，周身银光的母亲躺在病床上的情景，想起了母亲对我的爱与希望，那种爱充溢在洒满月光的天地之间，它和月夜一样柔和，和月夜一样能让我感到严寒中的温暖。月夜和母爱一样能激励我前进，走向成功未来。

三年过去了，在梦里，我依然能够看见这样的情景，明月松间照，清泉石上流；依然能听见母亲的故事。童年时代的声音不绝于耳，醒来枕边总是一片湿，潮湿的枕头上，隐约可见那柔和的月夜……

点评

这是一篇情景交融的好文章。母亲陪伴着我们一路成长，母亲的爱如此纯洁而美丽，不正像天空中那轮皎皎的圆月吗？在小作者的笔下，月夜和母爱产生了某种特定的化学反应，读来别有滋味在心头。

突然轻松之后

镇江市江南学校九(8)班　李好　指导教师　董玉环

期中考试伴随着分数的到来，落下了帷幕，我的心也陡然一松。然而……

一抹曦光划破了深沉的夜幕，天空泛起了鱼肚白。“丁零零”，急促的闹铃声，打破了清晨的宁静，也扰了我的清梦。我一骨碌坐了起来，对着微暗的天光发起了呆，此刻仿佛只有肉体醒来，而灵魂仍在沉睡一样。过了好一会儿，才不经意瞄到了时间——5:35。不好！已经耽误5分钟了，得赶紧起来背历史了。

可正当我急切地想下床时，却猛然记起，期中考试考过了。对呀，期中都过去了，是该放松一会儿了，我还起这么早背书？算啦，再睡一会儿！

我又钻进了温暖的被窝，拉上被子，闭上眼睛，幻想着能再遇一个清梦。可翻来覆去，纵使想着美梦，却怎么都睡不着。唉，突然轻松之后，还真有点儿不适应！

我又坐起来，对着时间感慨，看来连生物钟都被提早了，还是起来背书吧。披上外套，打开台灯，拿出书包，取出课本，我端坐在书桌前，摇头晃脑地背了起来……

当夜幕再次笼罩大地，城市的喧嚣之声渐渐消逝，我望着眼前堆积的作业本愣住了。这就写完啦。怎么这么少了？真有点儿不知所措。遥想当初临近期中时，哪天作业不写到11点之后？可现在，期中刚过，果真是突然轻松了，才9点多就写完了作业。

我拿起许久未碰的手机，想趁着今日难得的轻松时刻，大肆放纵一把。倚靠在沙发上，刷着刷着，就觉得无聊了起来。都是一样的套路，一点儿新意都没有，还不如去刷几道数学题。是呀，在这儿玩手机都对不起自己之前付出的努力。不行，还是去做拓展吧。

想想期中考试之前，每一天虽说是苦是累，却过得无比充实，哪像现在突然轻松之后，反倒内心有些空荡，无事可干。看来我天生就是一个忙碌命，一刻都不得停啊！我自嘲地笑了笑，还是回到了书桌前，对着几道题细细钻研了起来。夜，逐渐深沉，可我的心却逐渐明朗起来！

压力之后，放松片刻是应该的，可突然轻松之后，却有些许不适应。我想，既然我们的征途是星途大海，那么就在轻松过后，继续向前吧，向着最亮的那颗星星，出发！

点评

这篇文章很真实，写出了众多学生的经历和感受：在期中的忙碌和紧张之后，突然轻松之后的惯性与不适应。同时，也道明了自己的思考：放松是必要的，但继续前行更是必须的。文章有两点突出之处，一是处处点题，突出“突然轻松之后”的感受；二是生动的心理描写，通过内心独白刻画心理。动作细节也值得品味，如“披上外套，打开台灯，拿出书包，取出课本”，一系列动词，坚决果断，正能量满满。

突然轻松之后

镇江实验学校八(10)班　茅馨月　指导教师　徐昊

悠悠一抹斜阳，照入我的书房，映暖了白墙，映暖了木桌，映暖那黑白钢琴峻冷的边棱，一幅和美之景。

实则不然。

就在这样和谐温暖的环境下，我歪着头，驼着背，架起腿，吊着手，绵软地在那黑白双色上压出几个杂乱的音符。望着琴架那本曲谱上紧密得让人头皮发麻的黑影，我更用力地"砸"着琴键。曲毕，凌乱的回音在屋里飞来倒去，我近乎忍无可忍。

这种烦躁、愤怒，在我瞥见柜台上的那张证书后，无法抑制地喷涌而出。"妈！我为什么老是要练琴？现在学业那么重，哪挤得出时间？"似又有几分不甘，我冲出书房，"再说了，我不是考完上音十级了吗？再练，根本没有意义！"我大口喘着气，有着发泄完的痛快。静了静，我苦笑着摇摇头，每次都是这样，永远不会给我答复。

"你要是实在不想，那就不弹吧。"

我愣在了原地。静默。

我甚至忘却自己是如何挪进房间的，脑子里不断回放、重播着妈妈那淡淡的一句。一种异样的情绪涌上心头。狂喜？不是！快乐？不像！不舍？没有！这种复杂的感受竟让我愣神许久。我甩甩头，抛却这样的杂念，我终于轻松了！再也不用每天累死累活地练琴，再也不用面对钢琴老师板结的冷脸，大好事儿啊！

之后的一两周，我玩得很痛快。看课外书，吃零食，尽情地在床上躺着、闹着……然而，有一天，我回到家，背着书包走向书房，恍惚间竟又习惯性地坐在琴凳上，下意识想摸向琴键，却猛然惊醒似的缩回了手。坐回床边，一时不知如何是好。

后来的几天，我玩归玩，却始终心不在焉，不时将目光投向那架黑黑的庞然大物。思绪流转：幼时，我一眼相中了它，玩闹似的在琴上杂七杂八地弹着；长大些许，我端坐在它前面，轻轻地抚过她，怜惜地弹奏出一曲柔音；到现在，我厌了，任凭自己胡乱敲打着音键。种种回忆在我脑中荡过，快乐的，悲伤的，哭着的，笑着的，太多了。抬眼，柜上相片中，一个小姑娘一袭白裙，坐在琴旁，捧着证书，笑得灿烂。

我终究还是舍不得它。

突然而来的轻松，的确让我欢乐了好一阵子，但随之而来的是一种名为"空虚"的情感。行吧，行吧，我望着它。"你终是我的冤家"，伴着一抹笑，我抚着它。

悠悠一抹斜阳，悠悠一曲琴音。

点评

小作者由突然得到妈妈的允许，再也可以不弹琴后的一系列反应切入，细致描摹出了原先的烦厌、获准之后的轻松却又不知所以、放纵却又失落空虚、舍不得却又矛盾挣扎，以及最后轻松释然、听从内心的不同状态，有血有肉，生动具体。看来，小作者之于钢琴是真爱啊！也让我们不禁产生这样的思考：紧张、忙碌甚至辛苦，究竟好与不好？

突然轻松之后

镇江市第三中学八(7)班　刘姝蔚　指导教师　陈苏丹

突然轻松！宛如从狭小的空间来到广袤的大地；宛如卸下沉重的包袱，大口呼吸着新鲜的空气；宛如在喝完一瓶汽水后，终于等到那个神清气爽的饱嗝……

内心在呼喊，我竟突然自由了！

繁重的学业与一张张试卷早已压得我喘不过气来。但喜从天降，班上的同学接连发烧，我们班停课了。突如其来的轻松笼罩了我，我还没有反应过来，一切都变化了。

那还是小学，停课之后便没有上网课，老师也只布置了很少的作业，考试取消了，不用上学了。阳光看似很明朗地照耀着，天空中也没有一丝浮云，尽是望不到边的湛蓝。夏意顺着一缕清风落下天际，无论是动物，还是人们，都在这湿热的季节里慵懒起来。

每天早晨7点的闹铃调到了9点，睡眼惺忪地爬起来吃早饭。在一顿磨蹭之后，终于翻开了课本，心不在焉地“学习”起来。或许，那根本就不能称作“学习”，只是一种表象，背后散漫不堪。流云掺入了黯淡，变得没精打采，长空褪去了艳丽的色彩，染作浅灰。

我继续着我浑浑噩噩的生活，幼稚地想好好体验一把自由、轻松的快乐。

电视的彩色荧屏一打开后便再关不上，鲜甜的话梅一入嘴便再停不下来，管他什么书啊卷啊辅导材料啊，我只顾踩着我的平衡车，在小区里自由地穿梭。

云越来越黑，天越来越暗，空气里弥漫着闷热的、了无生趣的“轻松”。阳光在云层缝隙间再也露不出一丝光亮。

做什么小课作业呢？我愉悦地将成堆的小课作业摞在桌角，任凭它堆得越来越高。直到有一天，它坍塌了下来，虽无法将我压死，却也将我心中的轻松之火浇灭了。想起看过的一则童话：小羊向往自由，它挣脱出牧羊人的羊圈，奔向更加辽阔的草原，但它被什么东西电了一下。后来它才知道，电自己的东西，叫作界线。它才知道，这条无形的线告诉了它，任何自由都是有限度的，如果想冲破界线，难免要被电。

望着堆积如山、等着我来完成的小课作业，轻松已消失得无影无踪，只留下了莫名的恐惧。我这时才醒悟，希望为时不晚。

阳光再次一点一点渗了出来，夏日的午后，又恢复了往日的慵懒。但我明白，花草树木可以慵懒，动物也可以慵懒，但唯独人不可以。轻松，并不是一味地放纵，正如那只向往自由的小羊，在跨越界线时，不免被电流所击。

金色的阳光洒向大地，给万物镀上了一层金边，我翻开书本认真阅读起来，桌旁的小课作业也在一点一点地变矮。听着悦耳的鸟鸣，我的心也平静下来。也许，这才是轻松的正确打开方式。

我抬起头，望了望窗外的晴空、流云、飞鸟，问自己，我会成为那只小羊吗？答案是否定的！

点评

“轻松，并不是一味地放纵”，有规律地生活、学习，才是轻松的正确打开方式，小作者通过这篇“突然轻松之后”告诉我们以上道理。这篇文章的最大亮点在于环境描写对于心情的烘托作用，多次写到天空、阳光、流云、飞鸟，表达不同的心理状态，值得学习和借鉴。

突然轻松之后

镇江实验学校九(10)班 李世裕 指导教师 杨蕾

就在去年，老家拆迁了，外婆也解放了。全家人都替她高兴，不用再种地了，由农民变身成了城里人，住宅也从原先的破旧小屋，变成了伫立在城中的高楼。外婆终于可以享享清福了。

可外婆在突然轻松之后，竟感到有些不自在，常常下楼时提一把锄头，可走到楼下，望着那宽阔的柏油路，猛然想起自己不再是农民，只好慢悠悠地扛着锄头回去，不时发出一声叹息。

过了些日子，她便很少拿那把锄头了，也很少下楼，经常趴在窗前，望着窗外发呆。一次，我顺着她的视线望去，那是小区里的一块土地，有户人家在上面种了些菜蔬。哦，外婆想种田了。

又过了些日子，外婆终于忍不住了，一把拿起锄头，下了楼，跑到旁边的荒山上，找了块空地，猛地一锄。土被掀开了，外婆长吁了一口气。她打算以后每天都到这里来，寻找人生的乐趣。

外婆做了一辈子的农民。自打我小时候刚学会走路，就经常被外婆那双厚实且布满老茧的大手牵着，来到田地中。她用大锄头在前面锄地，我就用一把小铁铲跟在后面，铲掉碎碎的小杂草。那时我还很小，分辨不清楚，一次将邻居家田里的韭菜给铲掉了。邻居跑来我家“兴师问罪”，外婆连声赔不是。邻居走后，外婆便耐心地教我草和韭菜的区别。不久，田里的菜蔬我大半都能报出名号。就算有个别不认识的，又打什么紧呢？有外婆这位资深农民，我还有什么不知晓的呢？

每天清晨，外婆扛着锄头，便会去那座荒山。有时我也会跟过去。清晨的阳光，洒落在外婆身上，将她沟壑纵横的脸颊、布满纹路的双手，以及开裂的嘴唇，映照得清清楚楚。看着地里的菜蔬一天天长成，外婆脸上终于露出了久违的淳朴的笑容。这是一位老农民发自肺腑的笑容。

点评

离开农村，离开田地，住进高楼，外婆突然轻松了下来。这原本是件值得高兴的事情，可是外婆为什么一直闷闷不乐呢？随着文章的展开，这个“包袱”的谜底也逐渐揭晓：身为农民，外婆有着深深的土地情结，多年的生活习惯，哪能说变就变呢？这篇文章揭示的主题非常深刻。对于离开了土地的农民，整个社会除了要给予他们足够的生活保障，同样不能忽视对他们心理健康的关心。

小空间，大自由

镇江市第三中学七(6)班 徐佳辰 指导教师 罗红

人的一生很短，可以去到的地方终归是有限的。即使你周游地球，也只是沧海中的一粒粟米；即使你乘上光速飞船，相对论也告诉你终究追不上宇宙膨胀的速度。可是否人只能被“囚禁”在世上，“禁闭”在家中呢？

显然不是。

古人云：读万卷书，不如行万里路。我却说，读万卷书，方能畅想世界，方能行万里路。

今年，妈妈在手机上读到，桌子要小，东西要少，椅子要硬，不能有窗户。于是我呜呼哀哉地与外界隔绝了。可在狭小的空间内，我的思路竟异常清晰。思考许多，没有过多外物的纷扰杂乱，我才得以对许多书的内容有了更加深层的了解。

苏东坡被贬黄州，正值暮秋时节。此刻的他无疑被限在狭小的城中。1082年的风景可能分外荒芜，可他的思绪、他的诗心早已飞出了城墙，遨游天外。正是这份博大的自由，成就了《后赤壁赋》这一千古名篇，留下苏东坡心中的万古诗情。

《三体》中，有间著名的“默思室”，不大的空间，中间有一大块铁矿石。可正是在这小空间内，涌现出多少人类的智慧、疯狂的计策、老谋深算的政治家。《三体》中罗辑的地窖、程心的光年对话、执剑人的基地、云天明的小宇宙……这些无不印证了“人类大智慧通常诞生于小空间”，让人不由猜测，大刘是否也是禁闭自己，闭门造“书”了。

爱因斯坦与《相对论》早是令世人所知，流传已广的质能公式“$E=mc^2$”更是家喻户晓。这些推动人类的大智慧，来自一场23天的持续思考。在这些日子里，他将自己关在阁楼内，除了一日三餐，其余时间都在思考、计算，直到伟大的科学名著《相对论》横空出世，傲藐群雄。

疫情当前，如今的美国人，天天嚷着“自由”，却不知真正的自由绝不在于四处闲逛。同样是疫情，百年前的牛顿可以在黑死病的阴影下推导出万有引力，如今美国人却要走上街头抗议所谓的自由被限。实在太可悲了。

反观中国，我们在居家隔离之下，教育学习没有落下，网络开发没有落下，中国人在读书，中国人在思考，中国人明白什么才是真正的“自由”。

回到文章开头的场景，人或许难出家门，但网络可以帮他们了解世间百态；你或许走不出地球，但天体物理将太阳系的一切收入囊中；你或许不能周游宇宙，但人的智慧可以明白宇宙的构成，探索宇宙的过去，总有一天知道宇宙的一切。

再如今天，我在一张薄纸上挥洒自己的思维、自己的想法。读万卷书，方能畅想莽莽乾坤，方能行一万里云天，方能看一万世沧海桑田。

点评

现实的空间毕竟有限，但思维的空间可以无穷，这正是“小空间，大自由”，小作者想借此文告诉我们这个道理。文章是什么？对独特思考的个性化表达，这一点，小作者做到了。这篇文章重在议论，长于思考，引经据典，阅读的广泛涉猎尽显无疑。更可贵的是，文章并不限于故纸堆里、书本知识里立论，而有着对现实疫情之下“受限”的“自由”的思考，部分表达虽有些稚嫩，但瑕不掩瑜，优点突出。

小空间，大自由

镇江市第三中学七(13)班 李易轩 指导教师 杭红霞

我有一个特殊的爱好——养虫。由于对虫子的恐惧，母亲只允许我将客厅一角当作虫房。

虫房虽小，工具却是一应俱全。一副破了洞的手套，我始终舍不得扔，那上面不知道待过多少活蹦乱跳的虫子，是我多年养虫经历的最好见证。几块树皮、几片树叶和几包水苔，不消一分钟就能被我组合成一个简单而又舒适的饲养环境。一支炸了毛的排笔，被我当作刷子用，挑逗甲虫，刷除螨虫，样样都是小能手。一块泡沫板、几根大头针，便可以制作出精美的标本。几包发酵木屑，养活了一堆甲虫幼虫。一卷透气胶带，让我再也不用担心乱飞的木蚋；一把卡尺，记录了甲虫的体长，也记住了我辛勤劳动的成果……小空间，大自由，我在虫房里的这些小工具的帮助下，想干什么就能干什么，让我的虫快乐地成长下去。

虫房让我感到自由，感到快乐。每年夏天都是养虫的好时节，我趁着虫季的到来，抓紧时间安排甲虫繁殖。每天写完作业后，我都会搬出大袋的发酵木屑，在虫房里忙碌起来。我把木屑倒出，加水搅拌；然后搬出饲养箱，把调配好的木屑一盒一盒地倒进去再整个人站上去压实。木屑压紧之后，撒上树皮，放上果冻，一个产房布置完毕。可事情还没有结束，我还有两个月前的产房等待开挖。于是，我直接坐在了虫房的地板上，把产房放在两腿中，把盒子放在身旁，一个个活蹦乱跳的幼虫被我放在了盒子里……说实话，每天晚上离开虫房，我都比体育课上跑完两千米还要累。小空间，大自由，虽然汗水已经打湿了虫房的地板，但我依然由衷地感到快乐。这是一种我写作业时体会不到的自由和快乐。

每年冬天，有些虫开始冬眠，有些虫则在温控柜里活动。虫房看似空无一虫，但这时却是我最为自由的时候。每天写完作业后，我可以搬张凳子坐到虫房，捧起厚厚的论文来读一读；也可以打开电脑，整理一下今夏拍的照片，细细地品味一下这些虫子的美丽。对于一些我特别喜爱的品种，我甚至还会拿出笔记本，回忆一下夏天养虫的经历，写写饲育笔记，总结一下养虫心得体会，为下一年做好准备。

独自在虫房里时，我才可以过一个清闲自在的养虫爱好者的生活。这就是我眼里的小空间，大自由。

点评

不得不说，养虫，这的确是一种挺特殊的爱好，让人不由想起小达尔文。相信，在客厅的小小一隅，小作者的身心的确获得了大大的自由，因为，这是他的兴趣爱好。文中，小作者不厌其烦地介绍了他的劳动工具，告诉我们他夏天在小小虫房的劳作，冬天在虫房的阅读、整理或写作，当满心欢喜地做着这一切时，灵魂的自由真是达到极致了！取材的独特性，使本篇文章脱颖而出，让我们记住这篇充满灵动、充满情趣的佳作。

小空间，大自由

镇江市第三中学八(1)班　徐培真　指导教师　单莉莉

我终于有了独属我一人的空间，不大，却能在里面自由驰骋。

两间车库，凿穿，开窗；支起台子，铺好床。这是我的书房，也是我的卧室，更是我的天堂。

那是张极小的床，一套被子铺在上面要翻折好几下，厚厚的像云彩一般，舒适得很。我翻滚其上，好几次撞得鼻青脸肿，而我的思绪却由此继续欢腾下去，涌向无垠的宇宙。

在这里，我不必拘束于各种压抑天性的约束与管教。我可以用最舒服的（也可能是最错误的）姿势歪着读写，可以用最放肆的声音高歌疾呼，可以用一切装饰我的小屋，包括彩绘的盘子、幼时胡乱的涂鸦……只要我愿意。

我常邀请任何我爱的人来这里坐坐，谈天说地，无所顾忌。我也常对着窗外发呆，来一场无忧无虑的冥想，一场无拘无束的思考。窗外，也许尘世喧嚣，也许车水马龙，也许附和声声，也许乌合成众，而我，有空间独立思考，有空间享受孤独。留声机之上，黑胶的碟悠悠地转，渺远的音符缓缓流向天边……

爵士乐在这狭小的空间里，肆无忌惮——在家里，父母总说那是纸醉金迷的靡靡之音——而现在，我听，不仅听到激动人心的旋律，还听到一种慵懒的气息，一种人对自由的渴求与向往。

我情不自禁，跟着曲折而悠扬的曲调，舞动着现实中僵化的躯体。舞蹈，是人的一种本能，风格迥异的音乐刺激着人感性的神经与细胞。平时，母亲送我去上舞蹈课，怯懦而内敛的性格注定限制住夸张的动作，每当做出纵情而饱满的姿态时，忽意识到身边有人，便自然而然松懈了情感的弦，有意将动作装得窘迫而懒散起来。而在我自己的屋里，我本能地舒展四肢，挥舞手臂，踮绷脚尖，扭摆腰身。旋转、跳跃，我闭着眼。此刻的我，身体与精神、脉搏与灵魂完全自由，音乐与我浑然一体。尽情释放，或芭蕾或拉丁，或桑巴或秧歌，情到深处，无法自拔。在清澈圣洁的歌声中，在密集如雨的鼓点中，在热情四溢的说唱中，我成了天地间的一朵柳絮，漫天飞舞；一丝波澜，恣情流转。在这小小的空间里，舞蹈有着碰壁的风险，而心灵是不羁的，是自由的，是豪迈的！

在这里，我的私人空间，如世外桃源，得以性情的陶冶，精神的流浪。在人的心灵深处，总要有这样的一小块地方，安置自由的灵魂，无须宽广，无拘真性情，便已足矣。

点评

小天地，真性情，大自由！读到这篇文章，被深深打动。小作者的情感是那么充沛，喜悦的，兴奋的，自豪的，不羁的，如天风海雨，扑面而来。小作者对音乐的独特感悟和表现能力也让人叹为观止。语言极富张力，四字短语、长短句、对仗等句式的灵活运用，让文章获得了内容与形式的双重美感。

第五单元

巧做半命题作文

在赛场作文里，半命题作文较为常见。什么是半命题作文呢？顾名思义，就是作文题目只出现一半或一部分，而另外一半或另一部分，则需要考生自己去填补，使之成为一个完整的题目。最常见的半命题作文，如《我爱______》《想到这件事就______》《一件发生在______的事》等。

近年来，半命题作文颇有大行其道之势。相较命题作文，半命题作文较为灵活和自由，既适当体现了命题的思想，又给考生留下了较为广阔的写作空间，有利于考生在一定限制和要求下充分展示自己的写作才能。如何写好半命题作文，需要遵循一些原则和方法。

第一，必须抓住题目中隐藏的有效信息，将赛题补充完整。《记校园的______节》，这是2020年“增华阁”阅读写作大赛小学四年级组A卷的一道赛题。题目里隐藏着三个有效信息。其一，“记”表示了文章的体裁，必须写成记叙文，而不能是议论文或是说明文；其二，事情必须发生在校园内，而不是其他地方；其三，事情的主体必须是某个特定的节日。审清了题义，接下来便可以补充完整赛题了。

校园内有哪些节日可以写写呢？同学们一般想到的有艺术节、童话节、体育节、跳蚤节等，这些都是校园内的特色活动，当然值得写一写。其实，还有一些传统节日或是法定节日也可以尝试去写，例如中秋节、国庆节等。镇江市学府路小学四（1）班周筱熙同学写的便是《校园里的国庆节》。

在填补赛题的时候，思路不妨再开阔一些，只要是在已给半题的限定范围内的对象，都可以考虑和选择。填补赛题的过程，其实也是确定写作素材和明确写作中心的过程，所以这一步对于写好半命题作文来说，至关重要。

第二，必须充分调动日常的生活积累。也就是说，在填补赛题时，要选择自己熟悉了解、有亲身感受的东西来写。《第一次学______》，这是 2020 年“增华阁”阅读写作大赛小学四年级组 B 卷的一道赛题。这个题目限定的范围很明显，只能是“第一次”学做的事情，那些经常做的事情，自然就不在写作范围之内了。

从书里选录的几篇文章来看，《第一次学做面条》《第一次学种黄豆芽》《第一次学包粽子》……这些填补完整的题目，都来自于日常的生活积累。字里行间，生活气息颇是浓郁。还有不少同学写第一次学游泳、第一次学打羽毛球、第一次学习洗衣服，同样都是源自生活的生动素材。

镇江市恒顺实验小学四（2）班周俊浩同学填补的题目更是特别——《第一次学习等待》。文章写的是在新冠疫情肆虐的日子里，在外地工作的爸爸无法回来。在等待爸爸回来的过程中，“我”慢慢学会了等待。文章的素材，同样来自于生活。

有一点需要特别注意，就是在填补赛题时，尽量避免出现“千人一题”的情况。从参赛作文来看，以《第一次学做西红柿炒蛋》为题的同学着实不少。半命题作文的原意，就是为了给同学们更多的思考和想象空间。如果“千人一题”，半命题作文不就变成了命题作文？岂非与原意大相径庭？因此，我们在填补赛题的时候，需要尽量避免那些“大路货”素材，以防出现“一蜂窝”的拟题情况。韩愈说过：“惟陈言之务去。”也就是说，那些陈词滥调一定要舍弃掉。

第三，填写完整的赛题要便于写作。既然半命题作文具有选材自由的特点，那么我们在填补赛题时，不妨填上自己认为相对较容易写的内容。比如《一件发生在______的事》，横线上的内容，我们可以填学校、操场、考场，甚至出租车、公交车、飞机。你觉得哪个最好写，最终就补上哪个。如果觉得这几个都不好写，也可以另选词语。

《夜游______》是2020年“增华阁”阅读写作大赛小学高级组A卷的赛题之一。横线上的内容填什么呢？从参赛作文来看，填的最多的是“西津渡”。近年来，西津渡历史文化街区建设初具规模，特别是夜晚的西津渡，在灯光的映衬之下，格外迷人。很多同学都有在夜晚游玩西津渡的经历，印象较为深刻，因此动起笔来，游刃有余。也有同学写《夜游南山》《夜游金山湖》《夜游圌山》，这些都是城市的著名景点，熟悉程度高，完成起来相对容易。

有的同学夜游的对象是外地的景点，如杭州西湖、无锡宋城、苏州周庄、黄山天都峰，甚至还有同学将夜游的对象选择为湖心亭。作为外地景点，同学们可能仅仅走马观花玩过一趟，行文时未免生涩，难以真正写出这些景点的风情万种。还有的同学，填补的题目就显得难以完成了，如《夜游秋》《夜游中国》等。将赛题填补成这般模样，不是明显给自己设路障吗？

第四，要能体现深刻独到的观点。很多半命题作文同样以立意而取胜，也就是说，你所写的作文，视野能不能比别的同学更广一点，深度能不能比别的同学更深一点。而作文的视野和深度，常常是与填补完整的赛题紧相连属的。也就是说，你所填补的内容，可能最终决定着文章是否深刻独到。

《疫情教会了我______》，这是2020年“增华阁”阅读写作大赛小学高级组B卷的一道赛题。分析题目，首先辨析文体。从这道赛题来看，可以写成记叙文，也可以写成议论文，体裁较为宽泛。其次，便是分析内容。不管横线上填补什么词，文章中心必须紧扣“疫情”“教会”这两个词来展开。也就是说，在新冠疫情肆虐的日子里，社会各界努力抗疫，“我”由此学会了什么或是领悟到了什么。

从最终的一等奖获奖作文来看，感恩、坚持、团结、坚强、奉献……这是同学们填补的较为集中的几个词。还有的同学填的是短语，如珍惜时间、爱护自然等。这些词或短语，无一不是紧扣抗疫精神的核心内涵，即生命至上、举国同心、舍生忘死、尊重科学、命运与共，都是不错的选择。

还有的同学填补的词则较为具体，如《疫情教会了我当家》《疫情教会了我独立》《疫情教会了我成长》，写的是疫情当中，父母由于各种缘故，或是奋斗在抗疫一线，或是回不了家，“我”必须学会独立，学会自己当家，一天天慢慢成长。这又是另一种写作思路，写自己熟悉的人和事，也是值得肯定和提倡的。

赛题填补完整，文章也就成功了一半。但文章最终能不能真正成功，还是得靠写作功夫。有一位同学填补完整的赛题是《疫情教会了我自律》。从赛题来看，这个角度非常新颖独到，比较容易出彩。疫情搅乱了同学们正常的学习生活，学校无法按时复课，“网课”成了必然。能不能加强自律，是保证“网课”质量的关键。可是通读全文，这篇文章写的却是大人不在家，“我”的日常生活无人照应，遇上打雷，“我”吓得差点躲进被窝。“我”不禁感叹：“多么希望我在一个温暖且人多的地方。”从素材来看，这和“自律”是搭不上边的，丝毫也不切题。

还有一位同学的作文题目是《疫情教会了我坚持》。很多以“坚持”为题的同学，写的是通过坚持，抗疫取得了初步胜利；或者是通过坚持，完成了“网课”学习，再次走进校园。可这位同学写的却是，疫情时在家，妈妈教“我”做西红柿炒蛋。在一次次失败之后，通过“坚持”，我终于成功了！这样写显然是不切题的，因为“疫情”成了一个标签，下面的事情，和疫情压根没有发生关系。题目如果改成《我学会了坚持》，可能要贴切得多。

古语说：“行百里者，半于九十。”要想写好半命题作文，填题运思只是第一步。填补好题目以后，还是需要从命题作文的基本要求做起，扎扎实实地把文章写好。

记校园的国庆节

镇江市学府路小学四(1)班　周筱熙　指导教师　李素琴

“我和我的祖国，一刻也不能分割，无论我走到哪里，都留下一首赞歌……”是啊，祖国母亲养育了我们，保护了我们，让每个中国人幸福、快乐，我们也要感激祖国，歌唱祖国。

上个月，我们学校举行了“庆国庆——我爱我的国”表演比赛。

那天一清早，太阳公公便在校园里洒下耀眼的光芒，仿佛为了让喜庆的气氛更热烈。风儿摇动着树叶和花草，一只只花蝴蝶在丹桂飘香的校园里翩翩起舞。操场上，同学们安静地等待着活动的开始。

终于，令人兴奋的一刻来到了，活动开始了！

操场上一片沸腾，同学们是多么想用歌声歌颂我们亲爱的祖国啊！舞台上，有的班级放了彩炮，“轰隆”一声，一片片彩条飞舞在空中，宛如一个个穿着舞裙的小仙女；有的班级表演了武术，那一声声铿锵有力的话语，代表着同学们努力学习、回报祖国的决心；还有的班级写了对联，祝愿祖国繁荣昌盛，红红火火。

等啊等，终于等到我们班上台的那一刻了。“红星闪闪，放光彩。红星灿灿，暖胸怀……”一个个音符在我耳边回荡，在我脑海里勾起无数画面。71 年前，我们的祖国处于水深火热之中，多少战士舍小家、为大家，用他们的鲜血染红国旗，用他们强大的身躯筑起不倒的长城。我们虽不知道他们的名字，但知道他们都是令我们敬佩无比的英雄！正是因为他们，我们才有今天的幸福生活。在台上，唱着这样充满力量的歌曲，大家无比激动！

最后，当五彩缤纷的气球飞上天空，同学们和老师们欢聚一起，欢呼雀跃，也把对祖国的赞美、感激和祝福送上了天空！

快乐的时光是那么短暂，幸福的时刻永远令人难忘。活动在热烈的掌声中圆满结束了。微风把同学们脸上的汗水吹干了，操场上不再喧闹，无比安静。可是，那排练时的努力、表演时的团结一心永远留在同学们心中，那对祖国的热爱也永远刻在我们心里。

点评

“校园里的国庆节”，这个题目限制了写作对象，必须写出“校园里”的节日的特点。这就要求写出独特性，不是大街上、团体庆祝国庆节的样子，而是发生在学校里的；并且是发生在学府路小学里的，而不是发生在别的学校里的。小作者记叙了一次别开生面的表演比赛，让我们体会到学府路小学举办这次活动的重大意义，充满正能量。小作者也是一个描写高手，环境烘托、点面结合、虚实结合，各种手法运用得很好，值得学习！

第一次学习等待

镇江市恒顺实验小学四(2)班 周俊浩 指导教师 潘吉

等待，几乎每个人都要做的一件事。可说来也怪，从我记事起，好像什么事都没有等待过。我总不愿等待，心中总想：什么事都快点儿做完不是很好吗？因此，妈妈常常要求我，该学一学等待了。但我偏不，等待有什么好？只会浪费时间。

可是今年，因为疫情，我不得不在家中待着。“唉，好无聊哇！”不能和同学、老师见面，就连出门也要戴口罩。

“哥哥，我们一起来下棋吧。”弟弟跑过来找我。我伸了个懒腰，对弟弟说：“我都跟你下了多少盘了？次次你都是我的手下败将……要是爸爸能回来就好了，唉……”

爸爸一直在外地工作，本来说好最近回来的，无奈疫情影响，我们只能通过手机和爸爸聊天、视频。

“妈妈，疫情什么时候结束啊？”“妈妈，爸爸什么时候才能回来啊？”

“哎哟，这已经是你今天第一百次问了！我也不知道啊！”妈妈有些哭笑不得。

“可是我想见爸爸，想和他玩。”我低下了头。

“爸爸也想回来啊！”妈妈安慰我说，“我们都需要等待，等待疫情结束！现在，我们只能做好防护，不让病毒有机可乘，帮助医护人员战胜疫情，知道吗？”

“懂了！我会耐心等待的！”我和妈妈对视一眼，一齐笑了。

对呀，只能等待，这是我必须学会的。

在等待疫情结束的日子里，在等待爸爸回来的日子里，我上好网课，照顾好弟弟，帮妈妈干活，日子不再无聊……

点评

《第一次学________》，可写的东西很多，小作者却选择了“等待”这个话题，具有一定的挑战性。对于大多数希望“立刻”“马上”的小学生来说，这又的确是一个好话题。等待，可能是被动的，但不应意味着痛苦、无聊，我们也可以给等待的过程创造出意义，你说呢？

第一次学做面条

镇江实验学校魅力之城分校四(2)班　黄昱博　指导教师　孙晓梅

你最喜欢吃什么？每当有同学这样问我，我就会坚定而响亮地回答：“我最喜欢吃面条！”每个星期，我都死死缠住奶奶，让她给我下面条。奶奶被我缠得不耐烦了，便说：“你都这么大了，不会自己做面条啊！”

爸爸闻言，立即兴奋地拿起手机，订了一个面条机。他说：“儿子，第一次吃自己做的面条一定是人生中的最大享受。”

期待中，面条机很快送到了。我和爸爸迫不及待地拆开大箱子。面条机活像一只大熊猫，全身雪白，顶上有个灰黑色的盖子，底下有个奇怪的小盒子，里面有几个做面条的模具。

我和爸爸认真冲洗了模具，擦干。我打开橱柜，扯出了一大袋面粉，费了九牛二虎之力搬到桌上，手都快断掉了。

照着说明书，爸爸用大勺子舀了五勺面粉，均匀地铺在面条机里。我想了想，说："爸爸，打个鸡蛋吧。"爸爸对我竖起大拇指："好主意！"我小心翼翼地打了个鸡蛋进去，没想到却用力过猛。"不好，鸡蛋壳进去了！"爸爸不慌不忙，用筷子夹出了蛋壳，我长长地舒了一口气。

接着，我在爸爸的指导下，又放了一勺玉米淀粉，然后把面条机的盖子轻轻地盖上。该放水了，我装了一大杯水，从盖子上的开口把水倒进面粉里，啊，水像旋风似的洒了下去。

爸爸问我："儿子，你喜欢吃哪种面条？""龙须面，我的最爱。"我满怀期待地说。爸爸设定模式，启动开关，机器开始搅拌。

面粉变成了絮絮，那一片片面絮越来越大，与水纠缠，变成一个个"面圆"，又凝固到一起，变成一个大面团。但是，面团渐渐变得潮湿，有点稀啊。爸爸把机器停下，打开盖子，又让我舀了一大勺面粉进去，这次刚刚好。

面团搅好了，出面了。一根根面条从模具里出来，细细的，龙的胡须就是长这样吧，不然，它为何叫龙须面呢！我忍不住用手摸了摸，那面条柔软却有韧性，散发出好闻的面香味。

这时，锅里的水烧开了，爸爸把面条倒进锅里。"唰，唰，唰"，水和面条共同奏起了欢快的乐曲。爸爸用铲子熟练地推着面条，面条仿佛在漩涡之中，上下翻转，真有趣！爸爸让我试试，我用铲子把面条分开，但又怕弄烂面条，慢慢地，小心地……

很快，一碗热腾腾的龙须面做好了！

吃一口面条，喝一口面汤，啊，真是一种享受！这是我自己做的面条，倍棒！

点评

做面条、下面条、吃面条，小作者按照顺序，一步步展示了这个有趣的过程。文章有详有略，重点写做面条的过程，次重点写下面条，安排合理。机器搅拌、揉面的过程和面条在锅中的情景写得生动形象，让人如临其境。

第一次学种黄豆芽

镇江市丹徒区辛丰中心小学四(5)班　朱毅然　指导教师　孔逆

今天，老师在课上布置了一个作业——让黄豆长出芽。

我和妈妈从超市买来一袋干黄豆。接着，我找来一个小盆，放了些自来水在里面，然后，抓了两把干黄豆放入水中，最后，用红色的塑料袋将盆子的口罩住，为的是防止紫外线将黄豆的小芽晒伤。

很简单嘛，就让这些黄豆慢慢生长吧！做完这些事后，我暗自得意地想。

一天，两天……到第二天放学，我打开袋子想看看情况。“呀，不好，怎么会有一股难闻的味道呢？”我连连皱眉，可又不知道原因。

突然，我想到，爸爸说过他们小时候经常自己泡黄豆芽吃，那我问问爸爸是怎么回事吧。

爸爸问我，你给黄豆换水了吗？我连连摇头。

爸爸又问，罩盆子的塑料袋上戳洞了吗？我还是摇头。

这是什么道理？爸爸告诉我，黄豆在发芽的过程中也要呼吸啊！不能呼吸，你又不换水，不发臭才怪呢。

原来，这其中还有这么大的学问啊！好吧！既然知道原因了，我就来好好“伺候”一下我的小黄豆吧。

换水。戳洞。重新盖好。

第三天，当我给黄豆宝宝重新换水的时候，我发现黄豆宝宝们千姿百态地躺在小水盆里，有的像个大富翁似的，挺着大肚皮；有的像个小姑娘，头上扎着一个小小的辫子，真是可爱极了！有的……

豆芽慢慢长出来了。又过了几天，当初看到的那个“大富翁”的肚子不像以前那般大了，而它的芽已经有了七八厘米那么长。

这是我发的豆芽成功了吗？我找来妈妈。妈妈惊奇地看着我说：“儿子，你真能干，竟然能发出这么长的豆芽！哦，今天晚上我们多了一道菜了。”听妈妈说要将它们炒了，我有些不忍心，但转念一想，尝尝亲手发的黄豆芽也挺好的。物尽其用嘛！

晚上，吃一口我亲手发的黄豆芽，感觉格外香。我问爸爸好吃不，爸爸竖起大拇指直夸赞，我的心里乐开了花！

点评　在实践中学习，在解决问题中学习，小作者记叙的这件事情本身就很有意义。记录发黄豆芽的操作过程，记录黄豆芽的生长过程，文章有序、有法，清晰明了，把握了这类文章写作的关键。

第一次学包粽子

句容市崇明小学文昌校区四(7)班　张君悦　指导教师　王媛媛

早上起来，就看见奶奶正在包粽子，她很熟练、很轻松，一边包，还一边哼着歌，手边的盆里已放了十几只包好的粽子了。

我赶紧跑过去，端了张椅子在奶奶面前坐下。估计奶奶看出了我的好奇，便问我要不要学包粽子。我当然拍手说要。

于是，奶奶就当起了我的“粽子老师”。她边做边说：“首先，拿出一大一小两片粽叶，然后就像我这样把它给卷起来，卷出一个小斗的样子，再在这个小斗里放上一些糯米，加上一点自己喜欢吃的馅，再把粽叶折过来，包住小斗的口，把多余的粽叶缠绕好，最后用绳子绕一圈，扎好，记着要紧一点！你看，一个又美丽又美味的粽子就完成了！”

“好的，好的！”我连声说，“我要快点试一试！”

我按照奶奶说的步骤，认认真真地包起了粽子。一开始，还是挺顺利的，但进行到封口、缠绕、扎线时，就难了，糯米像一个个调皮的娃娃一样纷纷从粽叶里溜了出来。唉，这下我终于体会到什么叫力不从心了。

奶奶见了，笑呵呵地说：“越是到最后越是难啊！所以，不要着急，慢点！”奶奶握着我的手，一步一步又教了我一遍。

多想独立包出个好看的粽子啊。于是，我又开始了练习。这次，我知道了一定一定要慢。折腾了很长时间，我终于把第一个粽子包好了，看上去，虽然比奶奶的差远了，但还不错，至少没漏米。

奶奶稍加肯定，但还是说：“你……你包得太慢了，再快点啊！”

“快点？”我满脸疑虑地问奶奶，“奶奶，我到底是慢还是快呢？你一会儿让我快一会儿让我慢，我到底应该快还是应该慢呢？”

奶奶说：“在好的标准上，做到快就行了。”

“好的，我明白了。”渐渐地在熟能生巧之后，我包得越来越好，也越来越快了！

晚上，一家人围在一起吃粽子。我指着我包的几个粽子说：“世上无难事，只怕有心人。”家人全笑了，粽子的香甜充溢了整个屋子。

点评

此篇文章有两个显著的优点：一是包粽子的步骤写得清楚明了；二是祖孙俩关于快与慢的对话，真实有情趣，还富含道理，让读者笑过之后，掩卷之余，有所回味。

疫情教会了我什么是责任

镇江市丹徒区支显宗学校六(4)班　李锦铃　指导教师　桂华

2020年的春节本该欢庆跨年，却因为一场突如其来的疫情而被按下了暂停键，一切仿佛停止了似的，大街小巷冷冷清清。而医院变得忙碌起来，打起了一场没有硝烟的战争。

起初，我曾为不用去学校，可以在家上网课而欢喜。然而，当看到电视上医生护士那忙碌的身影，那疲惫的眼，那被口罩勒出红色印痕的脸，我的心竟一点点沉没下去，那微弱的欢喜化为浓浓的担忧。

医疗团队驰援武汉，他们被称为“最美逆行者”，他们明知前方有危险，却义无反顾地去到那最危险的地方。我知道，这就是作为医护人员的责任心。他们深知，救死扶伤是自己的责任，所以，虽然危险，依然前行；所以，虽然很累，依然坚持。

看过一个视频，视频中是一对夫妻，他们都是医疗工作者。因为疫情，他们各奔东西，又在一个医院相遇，却只是简单地拥抱了一下，又作别，投入战斗。我问自己，是什么让他们选择了再次离别？是责任，是救治病人的责任心！

钟南山院士已是八十高龄，却不顾惜身体奋斗在抗疫的第一线，与年轻人战斗在一起。我问自己，是什么让他选择了坚守一线？是责任，是医者的责任心和仁心！

一位正值芳龄的护士感染了病毒，不幸牺牲。记得她曾用甜美的声音安慰家人，让他们放心，并说无悔选择。我问自己，是什么让她选择了笑对死神？是责任，是全心全意为人民服务的爱心！

现在，我们脱下了口罩，步入校园。享受安全和欢乐的同时，我们也要永远记住那些为了责任，默默付出，无私坚守，甚至牺牲的医护人员，同时，思考我们的责任是什么？为了担负起我们的责任，我们应该怎么做。

点评

经历疫情，我们身在其中，能获得怎样的成长，做出怎样的思考，这是命题的意图。本篇文章，小作者围绕“责任”二字，抒发了个人的见解。在选材上，选择了三个具有代表性的典型人物（事件），诠释什么是责任，什么是医者仁心和人道主义精神，并且采用比较整齐的局部排比段落，层次清晰，中心突出。

疫情教会了我坚强

镇江市丹徒实验学校六(10)班　钱籽沐　指导教师　邓学兰

“妈妈走了啊，你好好吃饭。”伴随着“砰”的一声，我的眼泪在眼眶里直打转。

我的妈妈是一名护士，因为疫情的爆发，每天都没日没夜地工作着，有时候一加班就是一整天。看着原本美丽年轻的妈妈仿佛一夜间就变成了一根瘦弱的稻草，我满是心疼。

为什么妈妈要报名参加抗疫，为什么？

我一直不解。前线那么危险，那么劳累。当初妈妈的报名遭到全家人的一致反对，可她仍然坚持。现在可好，每天冒着风险抢救病人，没时间接我，没时间给我做饭……我越想越气，感觉母亲温柔伟大的形象顿时倒塌。

到了晚上通电话的时候，我愤怒地看着面戴口罩、身穿防护服的老妈，开始了我的“碎碎念”：“老妈，你知道我今天多倒霉吗？”老妈注视着我，没有说话。

“早上我一起来，结果发现电饭煲坏了，饭根本就没熟，我赶忙背上书包，想出去吃个早饭，等我吃过饭了才发现已经迟到了！”我的声音有些颤抖，两颗豆般大小的泪珠从脸颊滚落下来，滴在早已发烫的手机屏幕上。

“你当初为什么要报名？你就不能考虑一下我的感受吗？”我再也忍不住了，回想起那些让我委屈万分的往事：别人家母亲对孩子的关心，别人家孩子开心的笑容……而我呢，只有孤独，仿佛被遗弃。我喉咙里好像被什么呛住了一般，鼻子一酸，一滴滴泪滚落而下。

妈妈看着我，就像一尊雕像一般，目光似乎也呆滞了。“儿子，我问你一个问题。”电话那头传来母亲沙哑的声音。我稍稍止住泪水，抬起头，只看见母亲模糊的光影，泪水让世界都成了道道残影。“如果你是一位超人，你会让身边的人一个个被怪兽杀死吗？”妈妈的语气温柔了许多，就像哄着一个刚出生的小娃娃。我被这突如其来的话问住了，是啊，如果我是超人，难道会眼睁睁看着人们被杀死吗？

挂断电话，泪水渐渐干了。回想起妈妈温柔而坚定的问话，我一下子明白了妈妈工作的意义，也知道了在离开妈妈的日子里，我需要坚强……

心里暗下决心，管理好自己的生活和学习，不让妈妈操心。

点评

面对疫情，妈妈上了无硝烟的战场。"我"从埋怨到理解，从娇气到坚强，完成了一次成长。文章以妈妈离开时的话语和我的眼泪开头，一下子就把矛盾带到了我们面前。引人入胜，这是记叙文的一种很好的写法，建议大家多多学习和尝试。

疫情教会了我珍惜时间

句容市崇明小学六(2)班　江可馨　指导教师　张静怡

古人说："一寸光阴一寸金。"鲁迅曾说："浪费别人的时间等于谋财害命，浪费自己的时间等于慢性自杀。"在医生眼里，在疫情面前，更是如此。

2020年，一场突如其来的疫情破坏了热闹的团圆节日，无数医护人员奔赴抗疫最前线，为我们筑起了一道坚实而又壮观的防护墙。他们奔波于一个又一个岗位。"生命实在是太脆弱了！"正如医护人员所感叹的那样。所以，他们和死神赛跑，和时间比拼。

武汉金银潭医院院长张定宇更是一个和时间赛跑的人。疫情暴发后，张定宇以"渐冻"之躯冲锋在前，拖着高低不平的脚步追赶时间，带领医院干部职工救治了2800多名患者，其中不少为重症、危重症患者。

时间就是生命！医务工作者的行动告诉我这个道理。而我对时间的珍惜意识也在这次疫情之中得到了培养和提高。

网课前期，我不到8点开始上课绝不起床，作业能拖就拖，懒散极了。但当我看到那么多医护人员都在珍惜时间、抢救着宝贵的生命时，我在想，作为一名小学生，又有什么理由浪费时间呢？经过一番思考之后，我决定改变、超越自我。

当我赖在温暖的被窝里不想起床时，我想到奋战在最前线的医护人员的辛劳与忙碌，我立即手忙脚乱地穿起衣服；当我写作业感到疲倦时，我想到白衣天使们还在奋力苦战，那我也马虎不得，立刻孜孜不倦地读起书来……

珍惜时间就是珍惜生命，反过来，浪费时间就是浪费生命。这就是疫情告诉我的道理，跟时间赛跑，应成为我们的常态。

点评

“以人为镜，可以明得失”，看到小作者的文章，就有这样的感觉。小作者以奋战在抗疫一线的医务人员为镜，看到了自己的拖拉和散漫，立即做出了改变，这一点非常可贵。这篇文章长于议论，有点演讲稿的意味，围绕“珍惜时间”的观点，引用名人名言开头，再引述疫情中他人的感人事迹，继而联系自身，最后发出号召，再申观点，突出题目“疫情教会了我珍惜时间”。作为一名小学生，能写出这样条理清晰、逻辑层次分明的议论文，颇为难得。

疫情教会了我奉献

镇江市丹徒区三山中心小学六(4)班　胡芝家　指导教师　吴春花

在“噼噼啪啪”的爆竹声中，春节到来了，它为所有人敲响了新年的钟声。然而，新冠病毒悄悄出现，肆意蔓延，不断扩散。

恐惧笼罩了全国。然而，我们敬爱的白衣天使却迅速站到了“战疫”的第一线。他们奉献着体力，奉献着技术，甚至奉献出宝贵的生命。

电视荧屏上，他们憔悴的脸庞、繁重的工作、艰苦的境遇令人痛心。脱下厚重的防护服，哪一个不是汗流浃背？摘下紧勒的护目镜，哪一个没有被勒出又红又深的印痕？拉下口罩，又有哪一个不是嘴唇干裂？累了站着睡，想上厕所得忍住，渴了也不能喝水，眼睛眨都不敢眨一下……累和苦，不足以形容他们所遭受的困难。

听报道里说，一位女护士母亲的生命被病毒夺走，她却无法回家，只能朝家的方向默哀10秒钟，短时间内整理好情绪重回“战场”。一名男医生数十日连续不间断工作猝死……这些又多么壮烈！

当记者问到“是什么支撑着你们”的时候，他们无一例外地回答，是信念，是期望！好好想想，他们脱掉“战装”，也是一个普通人，也是有血有肉有生命，有家人有朋友的普通人啊！他们并不是超人，却成了坚强、无畏的战士！为了人民的安全、和乐，他们甘于奉献，我在他们的身上看到了奉献的忠诚。

大街小巷、不起眼的普通群众也在默默地贡献着自己的一分力量。外卖员不顾奔波的危险，即便是风吹雨打，也不能阻挡他们的脚步，他们四处奔忙，送药、送口罩，甚至自己掏腰包，送盒饭到医院。记者们不顾危险，深入一线，只为了播报疫情最新动态。年过八旬的老人、稚气未脱的孩童，他们勇当志愿者，自知贡献一分绵薄之力，有可能拯救的是万千家庭。

疫情是可怕的、可畏的，但在危难之中，那些乐于奉献、甘于奉献的人们是可敬的、可爱的。这次疫情教会了我懂得奉献，以后我也要做到无私，为集体、为国家奉献自己的一分光和热。

点评

本篇文章抓住“奉献”两字，重点再现了医务工作者的奉献形象，同时，也展现了普通群众为了抗疫贡献力量的形象。群体、个体兼顾，有血有肉，由此可以看出小作者对时事的关注，对抗疫的有高度、有深度的思考。如果，文中能更好地突出“教会”的“会”字，就更能切合题意了。

疫情教会了我爱护自然

丹阳市正则小学六(12)班 陆岩 指导教师 杨素玮

自古以来，流行病就是人类极大的敌人。埃博拉病毒、天花、中东病毒，每一次传染病流行都给人类以极大的打击。

今年春节，新冠病毒更是打破了人们正常的生活、工作、学习秩序，它传播速度快，潜伏期长。最终在国家的快速防控下，我国的疫情逐渐平息了下来。经过此事，我们不由地深深思考，这次疫情究竟教会了我们什么？

有科学家分析，这些病毒来自蝙蝠。蝙蝠是目前发现的唯一的会飞行的哺乳动物，它们靠着自己独特的修复和免疫能力，将病毒传播到不同野生动物身上，如果为了尝鲜去吃野味的人类不幸被传染了，那么病毒便会借着人流传播到各地。所以，这次的问题出在了吃野味的人身上。

人对自然的伤害不是一天两天的事了，就比如上文提到的蝙蝠。还有穿山甲，命运同样悲惨。它们常被人类拔鳞片、吃肉，本应作为防御的鳞甲被人类误认为灵丹妙药，于是人类为了一己私欲肆意伤害。像这样被无情伤害的动物还有很多，海中的玳瑁，就因表壳花纹美丽而被做成了饰品；那些富贾身上的貂皮、豹皮，也都是从动物身上活生生扒下来的啊！

一些珍稀动物在人类的破坏下，已经绝种；它们的死亡，又会破坏持久以来的生物链。殊不知，唇齿相依，我们地球的生态环境已经出现了不平衡。大量的土地沙漠化，生物资源短缺，二氧化碳排放产生温室效应，一切已经开始了。全球变暖，冰川融化，海平面上升，企鹅没了家何去何从？

你知道因为大量的化学剂排放，致使臭氧破洞增大，太阳的紫外线不经阻隔照进来会怎样吗？你知道我们在外太空已经有了宇宙垃圾，难道我们毁完了地球还要毁宇宙吗？不，该结束了！虽然土地有沙化，但中国的森林面积在增长；虽然废气超标排放问题仍然存在，但已经有了节能车的蓝图和方向；虽然臭氧层破动在变大，但我们已经控制了化学剂的使用；虽然宇宙有垃圾，但我们可能一样清扫……

透过疫情，希望我们能找到问题，分析问题，解决问题。自然和人类和平相处，这是大家都想要的结果。

点评

新冠病毒的来源，存在多种说法。这篇文章里提到的来自蝙蝠，是诸多说法里的一种。不过，小作者却能从这一说法引申开去，生发出要保护自然、做到人与自然和谐相处的感想，难能可贵。小作者的知识还是较为博杂的，文中举了不少例证，是一大亮点。看来，平时多读读“闲书”，对于写作文还是很有用的。

夜游在林中

镇江市润州区实验小学五(6)班 侯在修 指导教师 蔡静

我小心地顶着星空，提心吊胆地走在一条林中小道上。

山林中掠过的身影令我毛骨悚然。没错，我独自走在山林中。树林静静的，可以用万籁俱寂来形容。我本来是跟着爸爸走在林中的，可我一会儿玩玩这个，一会儿捉捉那个，不知不觉就走丢了。

我天生胆子就小，这下更完蛋了！我的腿像是用棉花搓成的，走不了半步。我想起了老人讲的故事，没想到今天却成了事实！

天也静，林也静，一直静到我那颤抖的心灵深处……

我无可奈何地坐在靠着月光才依稀可见的木桩上，一筹莫展。

我又似乎看见了那几双绿莹莹的兽眼，吓得差一点就叫出了声。接着，一只猫头鹰从树上飞过，还发出一声枭叫，我惊得一蹦三尺高，落地的声音在林中回荡，分外响亮。我一下子魂飞魄散，心脏差点没给吓出来。

我立即没命地跑了起来，脚踩在落叶上，“咔咔”的响声，显得格外特殊。我心想，就算是死，这辈子也绝不可能再一次来到这片老林子里了！

这时，山鼠“吱吱”的声音反倒使我冷静下来。我想象着，现在妈妈和可爱的小仓鼠就在身边。我屏息凝神地走，尽量不发出一点儿声响。我知道出口就在最前面，可我脆弱的心灵使我的腿脚不能移动。

苍天啊，什么时候才能走出这片小林子啊！我这才体会到，人在大自然的面前是多么渺小。

我忽然想到，身为男子汉，怎么能这么没有胆量呢？想到这儿，胆气一下子就回升了十倍！我坚定地朝前走，心中燃烧的男子汉的英雄火焰，把山林中可怕的寂静和那似像非像的兽眼什么的，全部无情地压倒了。我大步流星地朝出口跑去，对恐怖的笑声和虎视眈眈的绿兽眼都置之不理。

不一会儿，我看见了亮光，它照亮的不仅是道路，也照亮了我那勇敢的心扉。

终于，我走出了这林子。正当我悲喜交集时，爸爸如幽灵一般走了出来。“胆量不错呀！”他对我调侃道。我上前紧紧抱住了他。

这一次夜游，既锻炼了我的胆量，同时也让我明白了，胆量与勇气都来自于内心，只要内心强大了，所有的事物都会变得渺小。

后来我才知道，山林里的所有动静（不包括那只猫头鹰），全都是爸爸制造的。夜游林中的那种感觉，令我终生难忘！

点评

“我”这次夜游山林的经历，看起来倒像是一次历险。在同题作文里，显得比较特别。山林里的那些声响、那些不时出没的小动物，对“我”的胆量是一次严峻的考验。克服恐惧心理，迎来的便是强大的内心。不得不说，“我”成功地通过了爸爸设计的这次考验，这次经历肯定终生难忘。

夜游西津渡

镇江实验学校六(11)班 韩昕宸 指导教师 王莹

华灯初上，雨也渐渐停了。空气凉爽清甜，还夹杂着一丝青苔的潮湿。我漫步于西津渡的石板路上。一节一节，那石板虽不是什么名贵的大理石，但却令人感到亲切。灯光迷离，看不大清。我闭上眼，用手轻轻抚摸着那粗粝的石墙，用心来感受那厚重的历史。

拾级而上，又悠然而下，便是西津渡中最繁华的地方。与石板路的昏暗不同，这里到处是五光十色的霓虹，连成一片，亮是亮了，但又觉磨灭了本该有的古朴和宁静，着实有些可惜。

在这繁华广场的东南角，背山搭了座戏台，十分精美。戏台由红木筑成，上面有许多镂空的图饰。戏台中央，一位戏剧演员正在唱戏。她略施粉黛，吴侬软语，轻柔绵长，一颦一笑都堪称完美。在霓虹灯的映照下，整个戏台有些朦胧，如同被笼上了一层薄纱，让人仿佛置身于蓬莱仙境中。听着听着，整个人都迷醉在这吴侬软语里了。

恍惚间，我仿佛回到了过去，回到了那个车水马龙的码头旁。“让一让啊，让一让啊！”“快，快，快搬！”“抓紧，船要开了！”在“轰隆隆”的巨大声响中，一个庞然大物——几丈高的货船顺流而下，在滔天的波浪中乘风破浪，巨大的白帆在风中摇摆，渐渐没在浓重的夜色里，无影无踪。虽已是夜晚，但码头上却人来人往，我不由目瞪口呆。

“好！好！”一阵叫好声，将我的思绪拉了回来。面前仍是那个偌大的戏台，不过一曲已终。

一曲终了，你我皆是事外人。不过，此行不虚，能让我有幸窥见历史的冰山一角，用心来感知那繁华的过去。同时，也告诉自己，不能让这份繁华停留在过去，更要让它存在于现在和未来！

点评

小作者写夜游西津渡的过程，并没有泛泛而谈。通过石板路与霓虹灯的碰撞，使历史与现实在这里产生交集。文章重点描写了演员在戏台上唱戏的场景，文笔比较细腻，让人有身临其境之感。听戏之时，一段关于思绪的插叙文字，颇具历史厚重感，写出了西津渡作为曾经的老码头的独特历史文化，令人称许。

夜游杭州西湖

镇江市中华路小学五(3)班　汤钧轶　指导教师　朱娟

“欲把西湖比西子，浓妆淡抹总相宜。”这是大诗人苏轼在杭州西湖游玩时留下的千古名句。我一直想去西湖游玩，领略一下那儿的迷人风景。左盼右盼，终于盼到了寒假。可以丢下一学期学习的紧张感，去西湖放松一下啦！

西湖，微雨。到达目的地，我和妈妈稍作休整，天色已是不早，夜幕逐渐降临。吃过晚餐，妈妈带着我，开始了西湖之旅。

我们踏着那青石板路，迎着蒙蒙细雨，欣赏着野花点点，多么惬意啊。来到西湖边，已是人山人海。熙熙攘攘的人流围在西湖岸边，水泄不通，一片嘈杂。原来，彩色喷泉表演即将开始。大家异常激动，笑逐颜开。我踮着脚，往前眺望。只见湖面先是风平浪静，突然喷出一根水柱，五彩缤纷，犹如腾空的蛟龙，直上云霄。刹那间，又如盘旋的雄鹰，飞泻而下，真是蔚为壮观。

经过几波喷泉的铺垫，音乐已进入高潮。伴随着激昂的音乐，喷泉来势愈发猛烈。五色交辉的喷泉直上云端，映衬着西湖边的湖光山色，在漆黑的天穹下格外亮眼。望着天空中那搭起的一座“彩虹桥”，大家纷纷啧啧称奇。多美的景色啊！

彩色喷泉表演结束后，我和妈妈逛起了西湖边的古街。一边品尝着美味的臭豆腐，一边欣赏西湖秀美的夜景，享受着美妙的体验。看来，真是不虚此行。

点评

夜游西湖，会有怎样的感受？每个人去写，肯定会写出千差万别的文字出来。小作者笔下的夜游西湖，笔墨集中在了彩色喷泉表演上，并通过绘声绘色的描写，让人产生了格外深刻的印象。不要让文章成为无聊的流水账，而是抓住记忆最深刻的东西重点去写，这是游记写作的重要方法之一。

第六单元

展开联想和想象

2020年“增华阁”阅读写作大赛还有一类赛题比较特别，就是编故事。先来看看小学三年级组A卷的一道题目：

森林里要评选劳动小能手。小喜鹊、小蜜蜂、啄木鸟……很多小动物都报名参加了。主持人大象伯伯宣布：“活动开始，请各位小动物上台展示自己的劳动成果。”

后面的故事会怎样发展呢？请你展开丰富的想象，编写一个故事。

平时同学们在课外广泛阅读的时候，肯定读过不少童话故事书。对于编故事，或多或少有些心得。怎样才能编好一则故事呢？展开必要的联想和想象很重要。从上面给的这段材料来看，故事有很多种编法。最常规的，可以写几个小动物上台展示劳动成果，最终评选出一个第一名。要是再聪明一点，可以提炼出一个主题：劳动都是光荣的，没有高低贵贱之分。

不管怎样展开联想和想象，讲述的故事都必须紧扣住角色的自身特点来写。例如写啄木鸟，就必须提到“捉虫”；写小蜜蜂，就必须提到“采蜜”。也就是说，它们的行为和语言要符合角色的特点，具有合理性和科学性。

从广义来说，这其实是一种材料作文。所谓材料作文，就是给出固定的写作素材，要求写作者按要求完成作文。中学阶段，材料作文出现得比较多，而且给定的材料，体现出多元、多义的特点，要求同学们拿到题目，一定要多分析、多思考，特别是在立意下多花花工夫，让文章更有深度。小学低年级同学尚处在作文起步阶段，给定的材料往往比较简单，通常以编故事为主。材料虽然简单，立意却同样不能忽视。

再来看看 2020 年“增华阁”阅读写作大赛小学三年级组 B 卷的一道题目：

鸟的王国要举办一次时装表演。听到这个消息，鸟儿们沸腾了。各种各样的鸟儿从树林里飞来，一场精彩的鸟儿时装秀开场了。

根据以上材料，请以《鸟儿时装秀》为题，编写一个故事。

面对这则材料，可以怎样展开联想和想象呢？如果文章没有立意，仅仅描述一次鸟儿时装秀的过程，哪怕文字再生动，辞藻再华美，也会显得平平无奇。细细思考，这则材料虽然简单，其实同样大有文章可以做。

有几篇参赛作文，令人印象比较深刻。镇江市官塘桥小学三（2）班王炫雅同学在作文里写道，为了准备参加时装秀，百灵鸟亲手织了件衣服，而翠鸟却和其他鸟儿一样，去商场买了件漂亮的外衣。时装秀结果，百灵鸟获得优胜奖。这个立意就非常不错，可以引发人们的思考。镇江市恒顺实验小学三（1）班戚娅盈的作文也很有意思。写的是孔雀、鸽子穿着漂亮的裙子登台表演，乌鸦为此自惭形秽，没有勇气上台。最终在主持人的鼓励下，乌鸦勇敢地登上舞台，同样收获了掌声。文章的主题是“重在参与”，也有一定的深度。还有几篇文章，探讨的是外表美和心灵美之间的关系，这个主题也很好。

清人薛雪在《一瓢诗话》里说：

一题到手，必观其如何是题之面目，如何是题之体段，如何是题之神魂。做得题之神魂摇曳，则题之面目、体段，不攻自破矣。

在这段话里，薛雪强调的是做文章，必须要抓住题之“神魂”。如果拿一篇具体文章来分析，可以将题材看作“面目”，将结构看作“体段”，那么什么才是题之“神魂”呢？那就是文章的立意。无论写什么文章，哪怕是编故事，也不要轻易忽视文章的立意。

除此之外，我们在编故事的时候，要尽可能做到观照现实。人类正是因为有了想象，才会不断推动自身发展，推动社会进步。而人类的想象，也应该有益于个人和社会的实践，这样的想象才更有价值。

在 2020 年“增华阁”阅读写作大赛小学四年级组 B 卷里，有这样一道题目：

有一天，小主人刚走开，课外书和小眼镜吵起来了。小眼镜说：“都怪你，小主人就是天天捧着你看，眼睛近视了，戴上了我。可是他并不喜欢我。”课外书说：“小主人近视全怪我吗？”

后面的故事会怎样发展呢？请你展开丰富的想象，编写一个故事。

说实话，写好这个故事的同学不多。大多数同学将笔墨花在了课外书和小眼镜的争吵上，吵来吵去，也吵不出来一个所以然。其实我们只要留心观察就会发现，小学课堂里戴眼镜的同学正越来越多。为什么会出现这个现象？真的像材料中所说的，完全是看课外书导致的吗？

如果想到这一层，顺着这一思路来写，就能比较好地“破题”了。例如可以写写小作者平时喜欢看电视娱乐节目、疯狂追星，这才是导致视力下降的原因——当前正在整治“饭圈文化”，这无疑是个不错的角度；也可以写写小作者沉迷电子产品，经常用手机打游戏，结果视力下降；另外，读课外书时，如果坐姿不端正，也容易让视力出现问题……结合社会生活，深入思考分析，写出来的文章才会更有现实意见。

从“增华阁”阅读写作大赛的主旨来说，还是希望同学们多写写现实生活。以 2020 年赛题来讲，其中明确涉及疫情的就有 6 个题目，此外还有些题目与疫情也有关联。毕竟突然发生的新冠疫情，是 2020 年度与大家关系最为密切的新闻，同学们对此或多或少都会有着切身感受。“开放”，一直是“增华阁”阅读写作大赛最终确定赛题的主旨。开放的赛题，不仅仅要让同学们有话可说，更是鼓励大家以多元的视角观照生活，写出与众不同的文章。

就如何编故事，拉拉杂杂说了这么多，同学们是否有些收获呢？下面这则材料，出现在 2020 年“增华阁”阅读写作大赛小学四年级组 A 卷里。大家不妨想一想，如果是你，该如何构思这篇文章呢？

孙悟空保护唐僧西天取经修得正果后，被赐封为“斗战胜佛”。他回到天宫继续修行。有一天，他去佛祖那里听讲经，在路上突然发现远处有个宇宙飞船正朝天宫飞来。

后面的故事会怎样发展呢？请你展开丰富的想象，编写一个故事。

还有一类文章，也是需要一点想象和联想的。例如 2020 年“增华阁”阅读写作大赛小学三年级组 A 卷的赛题《假如我有一块菜地》。既然题目里出现了“假如”，那便是一种假设，要写的是现实中没有发生的事情，是一篇想象作文。

写这类文章，也有一个技巧，那就是“虚实结合”。什么是“虚实结合”呢？例如明代戏曲家汤显祖所著传奇《南柯梦》，讲的是唐代东平游侠淳于棼梦入蝼蚁之槐安国为南柯郡太守的故事。这是梦境，自然是虚幻的。可传奇开头却是从入梦前的社会生活写起的，结尾又写梦醒，回到现实生活中来，这便是实写。《蛙声十里出山泉》是齐白石的一幅名画，可是画里却没有出现蛙，只见几只小蝌蚪顺着山涧水流，从远处游来。蛙在何处呢？可能在远山那边，也可能在山涧尽头，给每一名观者留下了无穷的想象空间。这又是“虚实结合”在艺术领域的妙用。

镇江市中华路小学三（2）班朱昱凝笔下的《假如我有一块菜地》，便运用了“虚实结合”的手法，写得不错。文章从菜价上涨，希望能有块菜地写起，接下来便想象有块菜地之后的情形，最后以妈妈叫唤发呆中的“我”收尾，行文非常自然。

这种“虚实结合”的手法，其实在平时作文训练中经常可以使用。简而言之，就是将“眼前之事”与“回忆往昔”结合起来，以达到行文腾挪跳跃的效果。通常都是从“眼前之事”写起，然后便“回忆往昔”，最后再回到“眼前之事”上来。

展开联想与想象，并非天马行空，不着边际，常常也是需要一点知识储备的。2020 年“增华阁”阅读写作大赛小学高年级组 B 卷有道赛题——《有一天，我登上了航母》，从题目一眼就能看出，这是一篇想象作文。从同题参赛作文来看，写得好的寥若晨星。究其原因，同学们对航母的相关常识知之甚少。有的人甚至将航母当成了宇宙飞船来写。如此一来，怎么可能写好呢？

不仅想象类作文需要知识储备。多些知识储备，对于写好各类作文，都是有所帮助的。课余时间，我们不妨多读读中外名著，读读古典诗词，同时也要注意拓宽知识面，可以读一些科技方面的书，多关注一点时事新闻。只有“手中有粮”，才能做到“心中不慌”。

假如我有一块菜地

丹阳市新区实验小学三(3)班　宣吴忌　指导教师　张颖

假如我有一块菜地，我会撒下希望的种子，开出希望之花。让那些因为战火而被迫背井离乡的人们重获希望，让他们重新拥有一个幸福美满的家。

假如我有一块菜地，我会撒下幸福的种子，开出幸福之花。让那些穷苦的人们获得幸福，让那些外出打工的人们带着无尽的财富回到家。

假如我有一块菜地，我会撒下救济的种子，开出救济之花，让那些山区里的贫困的人们获得救济，让他们吃饱穿暖，过上好日子。

假如我有一块菜地，我会撒下光明的种子，长成光明之树。让那些生活在无尽的黑暗和痛苦之中的人们，踩着光明之树的枝叶拼成的梯子，爬出黑暗，生活在光明和快乐之中。

假如我有一块菜地，我会撒下和平的种子，开出和平之花。让那些正在激烈交战的军队停下，让他们和平相处，不再让人们因为战火而失去一个家。

假如我有一块菜地，我会撒下健康的种子，开出健康之花。让那些生病的人们好起来，让那些残疾的人们动起来，走走路，蹦一蹦，跳一跳。

……

当我只剩下最后一粒种子，我不会把种子再撒进菜地，更不会随便把它扔了，而是把它扔到空中，让风孩子把它带走，带到远方，因为这颗种子有一个重大的使命，那就是，让全世界都幸福起来！

点评

竞赛作文的最要紧之处便是新颖。在众多要在菜地种下萝卜、白菜、西红柿等瓜果蔬菜的文章中，这篇作文脱颖而出，因为它的想象是奇特的，立意是新颖的，视域是博大的。虽然，其中“救济的种子”似有不妥，但瑕不掩瑜。作为一名三年级学生的现场作文，排比的段落结构，美丽的济世情怀，实属难得！

假如我有一块菜地

镇江市中华路小学三(2)班 朱昱凝 指导教师 李隽

这几天，奶奶每次买完菜回到家，总是说：“唉，青菜又涨价了！”

每当这时，我就想：假如我有一块菜地就好了。我会在菜地里种各种各样的菜，如：青菜、萝卜、西兰花、土豆……一到收获的季节，菜地里便会一派喜人的景象。一颗颗青菜比柚子还大；萝卜白白胖胖，睡在地里，我都不敢大声说话，生怕吵醒了它。

我决定趁着风轻云淡，去田里收割蔬菜。我拔出一颗青菜，没想到青菜刚离地，地里又突然冒出一颗。我惊讶地张大了嘴巴：“世界上还有这么神奇的事情呀！”我非常开心激动，可是不久，我又犯了愁：种了这么多菜，怎么吃也吃不完，该怎么办呢？突然，我灵机一动，想出了一个好办法：把蔬菜送给大家分享，不就行了吗？于是，我把蔬菜送到小区的每家每户。大家连声道谢，我开心极了。

就在这时，妈妈拍了一下我的背，笑着说：“又发呆啦！你该把你发呆的毛病改一改了。”

“唉。”我小声嘟哝着，“这原来是一个梦啊！要是我真有一块菜地，那就好了。”

点评

这篇文章成功地做到了“虚实结合”。菜价上涨，这是现实社会的情况。“我”由此想到，自己有个菜地就好了，非常真实自然。接下来，“我”便幻想出自己拥有菜地后的情形。文章结尾，正在发呆中的“我”被妈妈唤醒，又回到了现实中来。现实与虚幻的转换，基本不露痕迹。

假如我有一块菜地

江市中山路小学三(3)班 张诗晴 指导教师 仲秋

假如我有一块菜地，我会让它一年四季都色彩缤纷。

春天，我会在里面撒上花籽，让一夜春雨把菜地点染得瑰丽无比。有的是黄色，有的是粉色，有的是蓝色，有的是青色。有的花瓣层层叠叠，就像蝴蝶仙子的宝座。有的花瓣是圆溜溜的，就像小孩子们绽开的脸庞。

夏天，我会在里面撒上西瓜籽和草籽，让又大又圆的西瓜每一天都能躺在绿油油的草地上。摘一只大西瓜，把它搬到阴凉的地方去，再用刀切开，就可以看到红色的西瓜瓤。咬上一口，真是又甜又凉爽。

秋天，我会在里面撒上各种水果和蔬菜的种子，也许有橙子、苹果、西红柿……一阵秋风吹过，把它们都唤醒了。在秋高气爽的日子，我来到菜地里，把一只只瓜果装进一个很大的篮子里面，让秋的味道跑入我的家门。

冬天，我会把厚厚的衣服穿在身上，跑进菜地，用白皑皑的大雪堆成一个雪人，将铁铲、树枝、小石子、胡萝卜装在雪人身上，让温暖流入心间。

这就是我五彩缤纷的“四季菜园”。那么，你的呢？

点评

小作者笔下的“四季菜园”的确五彩缤纷，令人神往。通过春、夏、秋、冬季节转换，读者感受到了一年四季小菜园的不同味道。小作者的笔调是诙谐生动的，读来饶有趣味。

劳动小能手

丹阳市新区实验小学三(2)班 梅馨月 指导教师 唐玉梅

森林里要评选劳动小能手。小喜鹊、小蜜蜂、啄木鸟……很多小动物都报名参加了。主持人大象伯伯宣布："活动开始，请各位小动物上台，展示自己的劳动成果。"

大家一齐挤上台，都想要展示自己，真像一团马蜂。大象伯伯看到了，连忙喊道："不要挤了，要不然你们都不能参赛。"大家听了，立刻排好队。第一个上台的是小喜鹊，她说道："我能帮人们报喜，人们啊，都很感谢我，所以大家要投我一票。"可是小蜜蜂就不同意了，她站到台上沾沾自喜地说："我觉得大家不能投小喜鹊，因为她对森林没有贡献。而我，却一直在采蜜，是不是很勤劳呀！"大家听小蜜蜂这么一说，觉得有些道理。可还是有些人觉得小喜鹊也很好，于是双方便争辩了起来，你一言，我一语，争执不休。

大象伯伯忽然看见啄木鸟正坐在那里，于是走上前问道："你在干什么呀?"啄木鸟回答道："我在想森林里为什么要评选劳动小能手，每个人不是都有自己的劳动成果吗？不管多与少，每个人的劳动成果都是独一无二的呀！"大象伯伯听了，觉得啄木鸟说得很有道理，其他小动物也都很赞同啄木鸟的话。

从此，森林里不再评选劳动小能手。所有小动物都在勤劳地劳动着，为森林的明天贡献一分自己的力量。

点评

这个故事编得有点意思。森林里评选劳动小能手，却引发了喜鹊和小蜜蜂的争吵，最终啄木鸟的一席话，平息了争端。故事告诉人们一个道理：劳动都是光荣的，没有高低贵贱之分。

评选劳动小能手

扬中市滨江小学三(2)班 姚雨欣 指导教师 顾菲

森林里要评选劳动小能手。小喜鹊、小蜜蜂、啄木鸟……很多小动物都报名参加了。主持人大象伯伯宣布："活动开始！请各位小动物上台展示自己的劳动成果。"

先上台展示的是小蜜蜂。小蜜蜂说："我们的劳动成果是蜂蜜。我们每天一大早就出去收集花粉，一直要到晚上才能回来。"大象伯伯点点头："你们蜜蜂真辛苦。"小蜜蜂骄傲地说："是呀，第一名肯定是我的了。"

下一个上台的是啄木鸟。啄木鸟说："我们可以帮大树'治病'，森林离不开我们。"啄木鸟看了看小蜜蜂，补充了一句："你们蜜蜂可干不了这活。"小蜜蜂不服气了："我们能采蜜酿蜜，你们会吗？"啄木鸟一听，很不高兴："我们虽然不会采蜜，可能保护森林，这个不是更重要吗？"两人你一言，我一语，争吵了起来，并让大象伯伯评评，到底谁才是第一名。

大象伯伯笑着说道："你们两个要是今天和好了，我就告诉你们谁是第一名。"小蜜蜂和啄木鸟听了，立刻停止了争吵。只听大象伯伯说："你们两个都是劳动小能手，都是第一名。"

其他小动物纳闷了，这是怎么回事呢？小蜜蜂和啄木鸟心里很明白，大象伯伯是在告诉他们，不要拿自己的长处和别人的短处相比，每个人只要付出了劳动，就是对社会有贡献的人。

点评

这篇文章道出的道理，和前一篇有异曲同工之妙。相形之下，这篇文章的结尾颇是精妙。除了劳动都是光荣的这一层，还点出了不要拿自己的长处和别人的短处相比这个道理，含义颇是隽永。

鸟儿时装秀

镇江市官塘桥小学三(2)班 王炫雅 指导教师 张兴梅

鸟的王国要举办一次时装表演。听到这个消息，鸟儿们沸腾了。各种各样的鸟儿从树林里飞来，一场精彩的鸟儿时装秀不久就要开场了。

这几天，百灵鸟姐姐一直在织衣服。可是翠鸟却去商场里买来一件。回到家，翠鸟嘲笑百灵鸟说：“你看，这是我在商场里买的衣服，又好看，又不用动手自己织！”百灵鸟笑了笑，说道：“自己织的才是最美丽的。”说完，低下头继续织起了衣服。翠鸟不屑地朝百灵鸟看了两眼，扑腾着翅膀飞走了。

在这几天里，翠鸟什么事也没干，一直在吃喝玩乐。而百灵鸟姐姐坚持每天都在织衣服。眼看鸟儿时装秀的日子快到了，瞧见百灵鸟还在织，翠鸟又在一旁嘲笑起来：“你怎么还在慢慢吞吞地织衣服呀，还不赶快到商场去买一件，眼看时装秀就要到了啊！”这次百灵鸟没有说话，手上的活一点也没有耽误。

一眨眼，就到鸟儿时装秀的日期了。百灵鸟姐姐穿着自己织的时装，来到了会场。最终结果如何，大家肯定猜到了。其他鸟儿都像翠鸟一样，穿着买来的时装参加表演，只有百灵鸟姐姐的时装是自己亲手织成的。表演结束，鸟国国王说：“这次表演的优胜者是百灵鸟姐姐！”

点评

鸟儿时装秀，该穿什么样的衣服参加？不同的鸟儿做出了不同的选择。百灵鸟姐姐亲自编织时装，而翠鸟等小鸟却到商场买来了鲜亮的衣服。究竟是织的漂亮，还是买的漂亮呢？小作者在故事里给出了答案。相信读了这个故事，大家都会若有所思。

鸟儿时装秀

镇江市恒顺实验小学三(1)班 戚娅盈 指导教师 乔雪梅

鸟的王国要举办一次时装表演。听到这个消息，鸟儿们沸腾了。各种各样的鸟儿从树林里飞来，一场精彩的鸟儿时装秀开场了。

“欢迎大家来观看这次时装秀。”主持人百灵鸟说道，“下面，有请孔雀小姐上场。”孔雀小姐慢慢地走上台。哇，她穿的衣服可真漂亮呀！那是一件五彩缤纷的裙子，上面镶嵌着一颗颗闪闪发亮的绿宝石。这身美丽的裙子，引得台下一片惊呼。评委们也给孔雀小姐竖起了大拇指。

“下面，有请小白鸽上场。”主持人百灵鸟话音刚落，小白鸽慢慢地走上了台。她的裙子虽然没有孔雀小姐的裙子那么艳丽，但却雪白无瑕，非常干净，给人另一种美感。小白鸽的表演也获得了高分。

“下面有请小乌鸦上场。”可是主持人百灵鸟喊了几遍，也没见到小乌鸦的身影。百灵鸟跑到后台一瞧，原来，小乌鸦正愣愣地站在那里。“小乌鸦，别发呆了，该你上场了！”百灵鸟跑了过去。“别人都有那么漂亮的裙子，可我的裙子却是黑乎乎的。我如果上台，别人会嘲笑我的！”小乌鸦说着，哭了起来。

“你的裙子虽然比不上她们漂亮，可是油亮亮的，也挺美丽的啊！比赛重在参与，大家一定会给你掌声的。”百灵鸟摸了摸小乌鸦的头。“真的吗？”小乌鸦停止了哭泣。百灵鸟朝她点了点头：“你去试一试，不就知道了吗？

小乌鸦鼓起勇气，走上了台。她那油亮亮的裙子果然赢得了观众的掌声，评委同样给出了高分。

点评

比赛重在参与，是小作者构思这个故事的出发点。在百灵鸟的鼓励下，乌鸦勇敢地走上舞台，迈出了成功的一步，也收获了掌声。这个故事编得比较精巧，在同题作文里很有特点。

书本和眼镜的争吵

扬中市实验小学四(9)班 刘语冰 指导教师 陆金波

可乐有一副近视眼镜，还有一本哥哥送的课外书。可乐是个博览群书的小书虫，对这本课外书更是爱不释手。只要没事，他便会静静地坐在书桌前读这本书。可是，他这样每天读，又不注意坐姿，最后成了近视眼，便戴上了近视眼镜。可乐内心其实很抗拒这副眼镜。

有一天，可乐出去买文具了，小眼镜和课外书却吵了起来。小眼镜说："你个课外书，小主人近视都怪你！小主人就是天天捧着你，左看右看，才把眼镜看伤的。他买了我就算了，还不喜欢我！"课外书喜欢讲科学，紧密关注生活，说起话来一套一套的："小主人近视都怪我吗？如果他平时坐坐正，少玩些电脑，也不至于像现在这样。"

小眼镜不甘示弱，没头没脑地大吼起来："你难道没看见，小主人很讨厌我吗？都是你造成了这样的结果。亏我还是他最喜欢的苹果绿！"课外书淡定冷静，立刻反驳："小主人讨厌你和我有什么关系？再说邻居家子航也戴眼镜，他怎么就没说自己的眼镜不好呢？"

被课外书这么一说，小眼镜竟无言以对。它喘着粗气大吼道："你……你别欺人太甚！"课外书冷笑一声："哼，没话说了吧——"话音刚落，只见一个身影冲进了书房，原来是可乐。

其实，可乐早就在门外了。他听见吵架的声音后，如同霜打的茄子，立刻蔫了。他越听越内疚，越听越自责，越觉得是自己的不对，才造成了课外书和小眼镜的不和。

"都别吵了！"可乐大叫一声，如一声惊雷。课外书和小眼镜顿时停止了争吵。可乐喃喃自语道："都是我不好！我近视和课外书没有关系，以后我看书一定端正坐姿，平时少用电脑。还有，我只看到了眼镜的短处，却没有发现它的优点……"

小眼镜和课外书互相道了歉，以后他们成了很好的朋友。可妈妈又觉得奇怪了，可乐的学习习惯突然好了很多。这是什么原因呢？她问过可乐，可……

可乐没有向别人透露过这件事，一点儿都没有透露。

点评

现在的“小眼镜”越来越多，已成为一个值得关注的社会问题。为什么近视的同学越来越多？这篇故事给出了答案：其一，电子产品的影响；其二，坐姿不够端正。虽然只是一则故事，但透过故事本身，能给人以思考，给人以启迪，这样的故事便是成功的。

“斗战胜佛”与宇宙飞船

镇江市中山路小学四(1)班　曹思瞳　指导教师　丁梅红

孙悟空在保护唐僧西天取经修得正果后，被赐封为“斗战胜佛”。他回到天宫继续修行。有一天，他去佛祖那里听讲经，在路上突然发现远处有个庞然大物正朝天宫飞来。

孙悟空的好奇心立即被激发了，这是什么啊？他跟着这庞然大物一路前行。最后，那庞然大物在天宫门前稳稳地停了下来。

早有侍卫前去报告玉帝。玉帝正和众位神仙商讨天庭要事呢，听说门口停了一个庞然大物，都一齐出门来看。

只见那庞然大物有天宫的两倍大，大家都吓坏了。有的神仙在和旁人低声耳语；有的神仙胆小至极，直接躲到了太白金星身后；还有的故作镇定，但不禁腿肚子发抖，脸色发白。孙悟空挠挠头，绕着庞然大物看了几圈，然后从耳中掏出金箍棒，摆好决战姿势，然后高高跃起，大喝一声：“来者何物？竟敢如此大胆！”然而，庞然大物默然不应，纹丝不动。

孙悟空被激怒了，身上的毛发根根直立，他抡起金箍棒就朝庞然大物打去。“哐当——”一声巨响，惊得众神后退。而这时，庞然大物开了一个口子，穿着厚厚的衣服、戴着奇怪帽子的人走了出来。

“斗战胜佛”孙悟空立刻一个箭步上前，用金箍棒抵住来者的咽喉，问道：“来者何人？”来人左看看，右看看，大叫起来：“哇，真的是孙悟空！我是你的粉丝啊！”“粉丝？粉丝不是吃的东西吗？”孙悟空摸不着头脑，皱皱眉。

来人一本正经地说：“我小时候就知道你，大名鼎鼎的孙悟空，大闹天宫的齐天大圣。”这话孙悟空爱听，也不再追究什么粉丝不粉丝了。

“我是人类，是宇航员。这个带我来的东西是飞船，宇宙飞船。欢迎你们来参观。”听到这些，孙悟空和在场的众神顿觉很不好意思，宇航员对他们这么热情，他们刚才却那么害怕。

这时，猴哥的好奇心被激发到了极点，他也不客套，挥挥手，示意众神去宇宙飞船里面参观，当然，玉帝在前，现在的孙悟空在这一点上还是蛮注意的。

宇宙飞船内不时传来这样的声音：“这是什么？”“这么厉害!?”“好方便哦！”

从此以后，开了眼界的众神便向人类学习制造和使用机器，天宫中气象日新，更是多了欢声笑语……

点评

这类想象作文的基础是对原著人物及其特点的把握，虽是新编，但不能脱离原著的人物设定。虽然性格可以随情节发生一定改变，但仍要有合乎逻辑的发展轨迹。这篇文章中，天宫众神、孙悟空等的表现、性格及细节处理忠实于原著，却又增添了现代元素，是一篇较好的想象作文。

宇宙飞船“大闹天宫”

镇江市中山路小学四(4)班 黎子川 指导教师 蒋瑾

话说孙悟空保护唐僧去西天取经修得正果后，被赐封为“斗战胜佛”。他回到天宫继续修行。从此以后，没有了妖魔鬼怪，也没有了唐僧的“超级无敌杀手锏”紧箍咒，一切太平。

有一天，这种“太平”终于被打破了。那天，孙悟空去佛祖那里听讲经，走在路上的时候，他的“火眼金睛”看到了在很远很远的地方有一个圆形的飞碟正朝着天宫以极快的速度飞来。孙悟空掰了掰指头算了算，真可把他吓坏了，还有两个时辰，那个飞碟就要冲进天宫了。他也不管什么讲经了，连翻了两个跟头就来到了玉皇大帝那儿。

玉皇大帝见孙悟空不请自来，有些奇怪，小心问道：“斗战胜佛，为何来得这么匆忙啊？”

孙悟空说：“我看到距离我们十万八千里之外，有一个圆形飞碟正朝天宫飞来，只要再等两个时辰，它即可冲进天宫。”

玉皇大帝连忙派千里眼前去察看。不一会儿，就传来了报告：“报——十万八千里外确实有一个圆形飞碟朝天宫飞来。”

玉皇大帝大惊失色，赶忙挑了一万天兵前去阻挡。但是那飞碟的速度实在是太快了，天兵们根本抵挡不住。于是，再派五万人马增援。但，不一会儿传来报告：“报——那飞碟里有人驾驶，速度实在太快，增援人马依然不行。我们请来了观世音，但那飞碟不断地向后喷射火焰，每喷射一次速度就加快一点，她用尽所有法力也无法让那飞碟停下来。佛祖正在讲经，我们又不能去请。现在那飞碟又近了很多，估计还有一个时辰就会冲进天宫了。”

玉皇大帝这下也没有办法了，他问孙悟空：“斗战胜佛，你有什么好办法吗？”

孙悟空挠挠脑袋，说：“有了！我们去把那太白金星请来如何？说不定他知道这飞碟是怎么回事。”众人都说好。

太白金星经过一番观察，说道："依我看，这应该就是凡间发射的宇宙飞船，不会对我们产生什么威胁。"众人这才松了一口气。

不一会儿，又有人来报："报——那个宇宙飞船改变了路线，正向广寒宫飞去。"

众人放松下来的心又紧揪起来，太白金星捋捋胡须说："大家不要担心，那宇宙飞船应该是去月球探察的，不会破坏广寒宫的。"

话虽如此说，广寒宫内还是震惊不小：嫦娥吓得一屁股坐到了地上，恐惧地哭泣；玉兔吓得把捣药的罐子摔了，药流得满地都是；砍树的吴刚吓得掉了斧头，斧头正砸在脚上，疼得他抱着脚直跳。

后来，宇宙飞船里走出来几个人，有的拍照，有的插国旗，忙得不亦乐乎。过了一会儿，他们又登上飞船，走了。

天宫那边，也终于恢复了平静。玉皇大帝长舒了一口气，一屁股坐回椅子上。"大闹天宫"实在吃不消啊！

点评

看来，这是新版"大闹天宫"！小作者凭借丰富的想象和对《西游记》中情节及人物形象的熟悉，写出了一篇情节紧张、生动、人物形象丰满的想象作文。玉皇大帝、太白金星、孙悟空的所作所为，符合逻辑，广寒宫里的情况展现令人称奇，看来，小作者关于广寒宫的神话传说知道不少呢！

孙悟空的奇遇

江苏大学附属小学四(2)班 毛若霏 指导教师 孔祥燕

话说孙悟空保护唐僧西天取经，经过九九八十一难，最终来到如来佛那里，受封成为“斗战胜佛”。孙悟空之后回到天宫修行，每天自由自在，好不快活。

有一天，孙悟空乘着筋斗云，去如来佛祖那儿听讲经。刚出南天门，他就看见一个宇宙飞船朝天宫飞来。孙悟空丈二和尚摸不着头脑，这是啥玩意儿？怎样像个蛋，能吃吗？就在这时，宇宙飞船“咻”地一下停在他面前，从里面走出来一个机器人。机器人对孙悟空说：“你好，大圣。我是来自科技星的 78 号机器人，你可以叫我科 78。我想带你去宇宙里神奇的星球上玩玩……”还没等科 78 说完，孙悟空就窜进了飞船里，大声叫道：“太好了，俺老孙早就想出去见见世面了！喂，那个科 78，快点开飞船！”科 78 走进飞船，按下红色按钮，飞船慢慢起飞了。

“第一站，肥胖星！”飞船里的广播传来了报站声。科 78 一边操控飞船，一边说：“肥胖星是宇宙爆炸时分到食物最多的星球，上面的人都是大胖子。你要小心被挤到哦！”孙悟空躺在一旁的沙发上，漫不经心地说：“俺才不信呢。你没见过猪八戒吧，他有多胖你都不知道！”

就在这时，前方出现了一个像大肚皮一样的星球。“降落！”科 78 按下蓝色按钮，飞船缓缓降落在一片空地上。

孙悟空刚跟着科 78 走下飞船，只见一个大胖子站在那里东张西望。孙悟空咽了咽口水：“这胖子至少得有 200 斤吧！”那个胖子看见科 78，非常高兴，走了过来：“您就是科 78？我是肥胖星的总统月半。”孙悟空瞅了他一眼：“你们肥胖星的人都像你这样吗？”月半有些不好意思，低声说道：“我们也没办法，这是天生的啊。”

孙悟空灵机一动，有了主意：帮他们减肥！他和科 78 暂时留了下来，研造出了“减肥器”。肥胖星上的人只要躺进减肥器，机器就能把他们体内的脂肪抽取出来。就这样，整个国家的人都和肥胖彻底告别了。

接下来，科78和孙悟空又去了树木星、网球星、水流星……在这些星球，孙悟空又有什么奇遇呢？下次我再慢慢告诉你。

点评

想象的世界是瑰丽的，魅力无穷的。孙悟空碰到宇宙飞船，会发生怎样奇怪的故事？读这篇故事，让我不禁想到清代小说《镜花缘》。孙悟空在宇宙里的奇遇，和《镜花缘》主人公在海外的奇遇，不是有着异曲同工之妙吗？

有一天，我登上了航母

句容市华阳实验小学六(3)班　蒋宇辰　指导教师　周勤

2040年9月17日，我代表中国全体海军登上了崭新的“起航号”高级全自动航母。作为一个刚上岗的海军中尉，我内心无比激动。

望着那一望无际的南海，我感慨万分。南海，这个物产丰富的地区，今天，我总算是亲眼见到了。

“警报！一颗‘晓龙’水下导弹正在急速接近！”硬邦邦的电子合成声音响起。“关闭发动机，发射红外干扰浮雷！”我当机立断，这可不是一件开玩笑的事，这事关乎到几千人的性命！“晓龙”水下导弹利用船、航母、潜艇和各种飞机的发动机产生的红外热源进行追踪打击，它能从水下发射。近年，“晓龙”名声大噪。

而如今，竟然有人拿我们的新式航母作为“晓龙”的打击实验目标！“究竟是谁？我要把他揪出来！”我愤怒得像头豹子。

“别急，中尉，危险不是没了吗？我们可以通过这个——”秘书按下一个红色按钮，“这是目前国内外最先进的水波无人探测器，它能帮助我们找到发射地。”

“太好了，赶紧派出。”

一分钟后，十个“中国红”水波无人探测器如火箭般“嗖”地一下钻进水中，不见了。

我注视着北斗显示屏上的几个红点，它们正快速离开航母。不一会儿，九个探测器回来了，不用说，那一个肯定是报废了。数据显示“晓龙”水下导弹的发射地在离我们比较远的曾母暗沙。我不由得大吃一惊，这次试航可以说是国家顶级军事机密，应该无人知晓，但是现在……“不行，得赶快将信息发到国务院，秘书，你赶快传输信息。”我下了命令。

半小时过去后，国务院派出的飞机来了。我们也到了曾母暗沙地区。我们派出几十艘子母舰艇潜入水中，国家的水下飞机也飞入水中。我们航母的荧屏上出现了“反人类组织”的标志，这个标志是如此恶心！

只听得水下“噼里啪啦”响，让人胆战心惊。

一小时后，战斗结束。我方胜利，这个喜报传遍整个中国，几十亿中国人变得沸腾起来。

本次航母试航竟演变成了战争，也是够离奇了，但毕竟首战告捷，我被授予国家海军最高级别奖章。

这一天，《我和我的祖国》这首歌又在我耳边响起，两行饱含着对国家的真诚的泪水，从我的脸颊滑落……

点评

晚清时，著名作家陆士谔在小说《新中国》中预言一百年后上海会举办万国博览会，当时人们认为这是痴人说梦。如今，这一预言真的实现了。读了这篇想象作文，谁又能说这一幕，二十多年后不会出现呢？

在时代与生活的交汇处停留

书香镇江“增华阁”阅读写作大赛命题组（小学组）

“文章合为时而著，歌诗合为事而作。”这是唐代诗人白居易提出的一句响亮口号。这句古训趟过历史的长河，投入新时代的潮流，至今仍掷地有声。它活跃于新生活的舞台，浓缩着理性的召唤，赋予每个读书人一份责任和使命——关注时代，感受生活！

贴近新时代

小学生年龄虽小，可他们眼前的世界并不小，未来无限可期。他们的心智虽然纯真，但伴随他们成长的现实并不单一，以后更是难以预料。因此，本次“增华阁”阅读写作大赛的命题，力求紧紧握住新时代的脉搏，聚焦大事件，凸显新事物，与学生的文思交织、共鸣，碰撞出思维之花，迸发出时代强音。

2020 年是极不寻常的一年，一场席卷全球的疫情打破了人们正常的生产生活秩序。大到国家，小到个人，没有一个人能置身事外，甚至每个人的衣食住行、心理状态都悄然发生变化。基于这样的时代背景，我们甄选了《疫情时在家的日子》《疫情教会了我______》这两个命题，旨在引导学生及时关注国家大事世界大事，与之同呼吸、共命运，在触动与经历中思索、成长。

通过疫情的考验，我国的“地摊经济”和“夜经济”齐头并进。于是，《路过一个地摊》《夜游______》这两个特色命题应运而生，学生体会到祖国经济的快速复苏与中国速度、中国力量密不可分，民族自豪感油然而生。

本次“增华阁”阅读写作大赛，恰逢我国“嫦娥五号”登月成功之际，旗开月表，五星闪耀。

命题《有一天，我登上了航母》，与A卷四年级组想象作文中涉及的“天宫”和“宇宙飞船”，将学生的着眼点延展到我国的科技领域，他们以已有经验和知识为跳板，展开无限想象，任凭思绪驰骋在茫茫的海域，翱翔在浩瀚的宇宙。学生领略到祖国科技的突飞猛进，感受着祖国发展的迅猛势头，从而生发出科技报国的雄心壮志。

“家事国事天下事，事事关心”，时代就是最好的命题人。学生在诠释这些命题的过程中，跳动着新时代的脉搏，打好了精神的底子，淬炼了生命的质感，而那些观察与思考、表达和创造，终将成为每个孩子往后人生的注脚。

感受新生活

生活是图画，是歌曲，一帧帧，一首首，皆可入文。《义务教育语文课程标准》明确指出，习作应贴近学生实际与生活，让学生易于动笔，乐于表达，写出真情实感。为此，本次命题，我们紧贴生活，多角度涉猎习作主题，多方位拓展生活外延，让学生回放生活中的点点滴滴。

围绕生活中的热点话题进行命题。

如B卷四年级组的想象作文，以“课外书”和“小眼镜”为主角，引发学生想象并思考近视的根本原因究竟是什么，关注的是当今社会青少年近视发病率居高不下的现象。看到赛题《假如我有一块菜地》和《菜场见闻》，就会让人联想到习近平总书记关于“厉行勤俭节约”的号召，使学生有所见、有所为、有所思。A卷三年级组的想象作文，以评选“劳动小能手”为事情的起因，通过展示自己劳动成果的方式，让学生感受劳动伟大，劳动光荣，从小热爱劳动，懂得珍惜劳动成果。近日，学生体质健康这一话题受到社会的广泛关注，《难忘的一节体育课》和《我喜爱的一项运动》，给了学生畅所欲言的机会。

生活的厚度也不断拓宽着学生的习作思路。《我班的“牛人”》《记校园的______节》《校园的秋天》等命题，都是围绕学生的校园生活展开的，鲜活的体验、生动的画面，激发了学生的创作激情。《家乡的味道》《在老家过年》《我的双休日》等命题，主要是以学生的家庭生活为蓝本，浓厚的生活气息扑面而来，给了学生创作的源泉。

生活是有温度的。《那次我生病了》《那一天真累》，让学生体会自己的内心感受，细腻又真实；《他（她）真搞笑》《他（她）真勤劳》，引导学生观察他人的特点，有趣又多彩。从《一张旧照片》到《盼望着》，有回忆，有期盼，生命的历程不就这样铺展吗？从《第一次学______》到《我学会了分享》，这是孩子成长的轨迹。体己察人，内心丰盈；用心品味，温情脉脉。

时代与生活，宏观到微观，那是无限量的交汇。紧紧把握新时代的脉搏，紧紧跟随新生活的步伐，习作定会成为学生生命中不可或缺的一部分。我想，也许这就是我们本次“增华阁”命题的初衷吧！

新冠疫情：一个无法绕开的话题

书香镇江“增华阁”阅读写作大赛命题组（初中组）

接近 2020 年岁末，要问这一年对我们生活影响最大的事情，非“新冠疫情”莫属，一直到现在，防范工作依然没有放松。既然写作要引导学生热爱生活，亲近自然，关注社会，那么“新冠疫情”就是命题时一个绕不开的特定时代背景。

疫情的到来或许一开始让我们猝不及防，心情沉重，但随着抗疫工作的全面展开，疫情最终还是被控制住了。命制《戴上口罩的那一天》和《脱下口罩的那一刻》这两个题目，意在用两个重要的时间节点，唤醒参赛选手的抗疫记忆，打开记忆的闸门，描写“那一天”的场景，抒发“那一刻”的感受。

毋庸讳言，现在的中学生压力大，学习紧张，竞争激烈，早已是常态。一场疫情，使得寒假延长，课外办学机构停摆，学生只能在家学习。相较于平常，自由支配的时间多了，自然“轻松”许多。可当“轻松”突然来临，学生又会怎样表现？得知假期延长之后，学生又是何种心情？命制《突然轻松之后》《得知假期延长之后》这两个作文题，意在激活参赛选手表达真性情的热情，写出《突然轻松之后》和《得知假期延长之后》的所作、所为、所想、所感。

春节本是走亲访友最热闹的节日，可为了抗疫的需要，我们不得不禁足宅家，学生对此一定印象深刻，终生难忘。禁足宅家，家人活动空间狭小且长时间固定，会引发矛盾，也会带来趣事，更会引发人们思考“自由”的内涵。命制《记得春节禁足时》《小空间，大自由》这两个题目，既是提醒参赛选手“春节禁足时”有值得记录的事情，也是引导他们明白“小空间里也有大自由”的道理。

长时间地禁足宅家，学生品尝“家常饭菜”的机会变得比往年任何时候都要多，在“家常饭菜”后加上“滋味浓”三个字意在引导学生体味“家常饭菜”里面融入的情感。当然，该题与“打包”一题放在一起，也暗合国家“反对大吃大喝，杜绝粮食浪费”的倡议。

初中生青春年少，对世界充满好奇，渴求获得新知识，易于接受新事物，这是他们的天性，即便是新冠疫情阴霾密布之时，这种天性也会自然流露，这就是“得趣”和“得力”二题的命制缘由。

总之，作文命题的目的是要让学生写出真情实感，力求表达自己独特的人生感受、体验和思考，新冠疫情对当下生活的影响，实在是一个绕不开的话题。